心一堂術數古籍珍本叢刊

書名：《挨星金口訣》、《王元極增批補圖七十二葬法訂本》合刊
系列：心一堂術數古籍珍本叢刊　堪輿類　第二輯　182
作者：【民國】王元極
主編、責任編輯：陳劍聰
心一堂術數古籍珍本叢刊編校小組：陳劍聰　素聞　梁松盛　鄒偉才　虛白盧主

出版：心一堂有限公司
地址／門市：香港九龍旺角西洋菜南街五號好望角大廈一〇〇三室
電話號碼：+852-6715-0840　+852-6633-7949
網址：sunyata.cc
publish.sunyata.cc
電郵：sunyatabook@gmail.com
網上書店：http://book.sunyata.cc
網上論壇：http://bbs.sunyata.cc/

版次：二零一七年一月初版
平裝

定價：港幣　一千五百八十元正
新台幣　五千九百八十元正

國際書號：ISBN 978-988-8317-51-6

香港及海外發行：香港聯合書刊物流有限公司
地址：香港新界大埔汀麗路三十六號中華商務印刷大廈三樓
電話號碼：+852-2150-2100
傳真號碼：+852-2407-3062
電郵：info@suplogistics.com.hk

台灣發行：秀威資訊科技股份有限公司
地址：台灣台北市內湖區瑞光路七十六巷六十五號一樓
電話號碼：+886-2-2796-3638
傳真號碼：+886-2-2796-1377
網絡書店：www.bodbooks.com.tw
台灣讀者服務中心：國家書店
地址：台灣台北市中山區松江路二〇九號一樓
電話號碼：+886-2-2518-0207
傳真號碼：+886-2-2518-0778
網絡書店：http://www.govbooks.com.tw/

中國大陸發行・零售：心一堂書店
深圳地址：中國深圳羅湖立新路六號東門博雅負一層零零八號
電話號碼：+86-755-8222-4934
北京地址：中國北京東城區雍和宮大街四十號
心一店淘寶網：http://sunyatacc.taobao.com

心一堂術數古籍 珍本 整理 叢刊 總序

術數定義

術數，大概可謂以「推算（推演）、預測人（個人、群體、國家等）、事、物、自然現象、時間、空間方位等規律及氣數，並或通過種種『方術』，從而達致趨吉避凶或某種特定目的」之知識體系和方法。

術數類別

我國術數的內容類別，歷代不盡相同，例如《漢書·藝文志》中載，漢代術數有六類：天文、曆譜、五行、蓍龜、雜占、形法。至清代《四庫全書》，術數類則有：數學、占候、相宅相墓、占卜、命書、相書、陰陽五行、雜技術等，其他如《後漢書·方術部》、《藝文類聚·方術部》、《太平御覽·方術部》等，對於術數的分類，皆有差異。古代多把天文、曆譜、及部分數學均歸入術數類，而民間流行亦視傳統醫學作為術數的一環；此外，有些術數與宗教中的方術亦往往難以分開。現代民間則常將各種術數歸納為五大類別：命、卜、相、醫、山，通稱「五術」。

本叢刊在《四庫全書》的分類基礎上，將術數分為九大類別：占筮、星命、相術、堪輿、選擇、三式、讖諱、理數（陰陽五行）、雜術（其他）。而未收天文、曆譜、算術、宗教方術、醫學。

術數思想與發展——從術到學，乃至合道

我國術數是由上古的占星、卜筮、形法等術發展下來的。其中卜筮之術，是歷經夏商周三代而通過「龜卜、蓍筮」得出卜（筮）辭的一種預測（吉凶成敗）術，之後歸納並結集成書，此即現傳之《易

經》。經過春秋戰國至秦漢之際，受到當時諸子百家的影響、儒家的推崇，遂有《易傳》等的出現，原本是卜筮術書的《易經》，被提升及解讀成有包涵「天地之道（理）」之學。因此，《易・繫辭傳》曰：「易與天地準，故能彌綸天地之道。」

漢代以後，易學中的陰陽學說，與五行、九宮、干支、氣運、災變、律曆、卦氣、讖緯、天人感應說等相結合，形成易學中象數系統。而其他原與《易經》本來沒有關係的術數，如占星、形法、選擇，亦漸漸以易理（象數學說）為依歸。《四庫全書・易類小序》云：「術數之興，多在秦漢以後。要其旨，不出乎陰陽五行，生剋制化。實皆《易》之支派，傳以雜說耳。」至此，術數可謂已由「術」發展成「學」。

及至宋代，術數理論與理學中的河圖洛書、太極圖、邵雍先天之學及皇極經世等學說給合，通過術數以演繹理學中「天地中有一太極，萬物中各有一太極」（《朱子語類》）的思想。術數理論不單已發展至十分成熟，而且也從其學理中衍生一些新的方法或理論，如《梅花易數》、《河洛理數》等。

在傳統上，術數功能往往不止於僅僅作為趨吉避凶的方術，及「能彌綸天地之道」的學問，亦有其「修心養性」的功能，「與道合一」（修道）的內涵。《素問・上古天真論》：「上古之人，其知道者，法於陰陽，和於術數。」數之意義，不單是外在的算數、歷數、氣數，而是與理學中同等的「道」、「理」——心性的功能，北宋理氣家邵雍對此多有發揮：「聖人之心，是亦數也」、「萬化萬事生乎心」、「心為太極」。《觀物外篇》：「先天之學，心法也。……蓋天地萬物之理，盡在其中矣，心一而不分，則能應萬物。」反過來說，宋代的術數理論，受到當時理學、佛道及宋易影響，認為心性本質上是等同天地之太極。天地萬物氣數規律，能通過內觀自心而有所感知，即是內心也已具備有術數的推演及預測、感知能力；相傳是邵雍所創之《梅花易數》，便是在這樣的背景下誕生。

《易・文言傳》已有「積善之家，必有餘慶；積不善之家，必有餘殃」之說，至漢代流行的災變說及讖緯說，我國數千年來都認為天災，異常天象（自然現象），皆與一國或一地的施政者失德有關；下至家族、個人之盛衰，也都與一族一人之德行修養有關。因此，我國術數中除了吉凶盛衰理數之外，人心的德行修養，也是趨吉避凶的一個關鍵因素。

術數與宗教、修道

在這種思想之下，我國術數不單只是附屬於巫術或宗教行為的方術，又往往是一種宗教的修煉手段--通過術數，以知陰陽，乃至合陰陽（道）。「其知道者，法於陰陽，和於術數。」例如，「奇門遁甲」術中，即分為「術奇門」與「法奇門」兩大類。「法奇門」中有大量道教中符籙、手印、存想、內煉的內容，是道教內丹外法的一種重要外法修煉體系。甚至在雷法一系的修煉上，亦大量應用了術數內容。此外，相術、堪輿術中也有修煉望氣（氣的形狀、顏色）的方法；堪輿家除了選擇陰陽宅之吉凶外，也有道教中選擇適合修道環境（法、財、侶、地中的地）的方法，以至通過堪輿術觀察天地山川陰陽之氣，亦成為領悟陰陽金丹大道的一途。

易學體系以外的術數與的少數民族的術數

我國術數中，也有不用或不全用易理作為其理論依據的，如揚雄的《太玄》、司馬光的《潛虛》。也有一些占卜法、雜術不屬於《易經》系統，不過對後世影響較少而已。

外來宗教及少數民族中也有不少雖受漢文化影響（如陰陽、五行、二十八宿等學說。）但仍自成系統的術數，如古代的西夏、突厥、吐魯番等占卜及星占術，藏族中有多種藏傳佛教占卜術、苯教占卜術、擇吉術、推命術、相術等；北方少數民族有薩滿教占卜術；不少少數民族如水族、白族、布朗族、佤族、彝族、苗族等，皆有占雞（卦）草卜、雞蛋卜等術，納西族的占星術、占卜術，彝族畢摩的推命術、占卜術……等等，都是屬於《易經》體系以外的術數。相對上，外國傳入的術數以及其理論，對我國術數影響更大。

曆法、推步術與外來術數的影響

我國的術數與曆法的關係非常緊密。早期的術數中，很多是利用星宿或星宿組合的位置（如某星在某州或某宮某度）付予某種吉凶意義，并據之以推演，例如歲星（木星）、月將（某月太陽所躔之宮次）等。不過，由於不同的古代曆法推步的誤差及歲差的問題，若干年後，其術數所用之星辰的位置，已與真實星辰的位置不一樣了；此如歲星（木星），早期的曆法及術數以十二年為一周期（以應地支），與木星真實周期十一點八六年，每幾十年便錯一宮。後來術家又設一「太歲」的假想星體來解決，是歲星運行的相反，週期亦剛好是十二年。而術數中的神煞，很多即是根據太歲的位置而定。又如六壬術中的「月將」，原是立春節氣後太陽躔娵訾之次而稱作「登明亥將」，至宋代，因歲差的關係，要到雨水節氣後太陽才躔娵訾之次，當時沈括提出了修正，但明清時六壬術中「月將」仍然沿用宋代沈括修正的起法沒有再修正。

由於以真實星象周期的推步術是非常繁複，而且古代星象推步術本身亦有不少誤差，大多數術數除依曆書保留了太陽（節氣）、太陰（月相）的簡單宮次計算外，漸漸形成根據干支、日月等的各自起例，以起出其他具有不同含義的眾多假想星象及神煞系統。唐宋以後，我國絕大部分術數都主要沿用這一系統，也出現了不少完全脫離真實星象的術數，如《子平術》、《紫微斗數》、《鐵版神數》等。後來就連一些利用真實星辰位置的術數，如《七政四餘術》及選擇法中的《天星選擇》，也已與假想星象及神煞混合而使用了。

隨着古代外國曆（推步）、術數的傳入，如唐代傳入的印度曆法及術數，元代傳入的回回曆等，其中我國占星術便吸收了印度占星術中羅睺星、計都星等而形成四餘星，又通過阿拉伯占星術而吸收了其中來自希臘、巴比倫占星術的黃道十二宮、四大（四元素）學說（地、水、火、風），並與我國傳統的二十八宿、五行說、神煞系統並存而形成《七政四餘術》。此外，一些術數中的北斗星名，不用我國傳統的星名：天樞、天璇、天璣、天權、玉衡、開陽、搖光，而是使用來自印度梵文所譯的：貪狼、巨門、祿存、文曲，廉貞、武曲、破軍等，此明顯是受到唐代從印度傳入的曆法及占星術所影響。如星命術中的《紫微斗數》及堪輿術中的《撼龍經》等文獻中，其星皆用印度譯名。及至清初《時憲曆》，置閏之法則改用西法「定氣」。清代以後的術數，又作過不少的調整。

此外，我國相術中的面相術、手相術，唐宋之際受印度相術影響頗大，至民國初年，又通過翻譯歐西、日本的相術書籍而大量吸收歐西相術的內容，形成了現代我國坊間流行的新式相術。

陰陽學——術數在古代、官方管理及外國的影響

術數在古代社會中一直扮演着一個非常重要的角色，影響層面不單只是某一階層、某一職業、某一年齡的人，而是上自帝王，下至普通百姓，從出生到死亡，不論是生活上的小事如洗髮、出行等，大事如建房、入伙、出兵等，從個人、家族以至國家，從天文、氣象、地理到人事、軍事，從民俗、學術到宗教，都離不開術數的應用。我國最晚在唐代開始，已把以上術數之學，稱作陰陽（學），行術數者稱陰陽人。（敦煌文書、斯四三二七唐《師師漫語話》：「以下說陰陽人謾語話」，此說法後來傳入日本，今日本人稱行術數者為「陰陽師」）。一直到了清末，欽天監中負責陰陽術數的官員中，以及民間術數之士，仍名陰陽生。

古代政府的中欽天監（司天監），除了負責天文、曆法、輿地之外，亦精通其他如星占、選擇、堪輿等術數，除在皇室人員及朝庭中應用外，也定期頒行日書、修定術數，使民間對於天文、日曆用事吉凶及使用其他術數時，有所依從。

我國古代政府對官方及民間陰陽學及陰陽官員，從其內容、人員的選拔、培訓、認證、考核、律法監管等，都有制度。至明清兩代，其制度更為完善、嚴格。

宋代官學之中，課程中已有陰陽學及其考試的內容。（宋徽宗崇寧三年〔一一零四年〕崇寧算學令：「諸學生習……並曆算、三式、天文書。」「諸試……三式即射覆及預占三日陰陽風雨。天文即預

定一月或一季分野災祥，並以依經備草合問為通。」

金代司天臺，從民間「草澤人」（即民間習術數人士）考試選拔：「其試之制，以《宣明曆》試推步，及《婚書》、《地理新書》試合婚、安葬，並《易》筮法，六壬課、三命、五星之術。」（《金史》卷五十一・志第三十二・選舉一）

元代為進一步加強官方陰陽學對民間的影響、管理、控制及培育，除沿襲宋代、金代在司天監掌管陰陽學及中央的官學陰陽學課程之外，更在地方上增設陰陽學課程（《元史・選舉志一》：「世祖至元二十八年夏六月始置諸路陰陽學。」）地方上也設陰陽學教授員，培育及管轄地方陰陽人。（《元史・選舉志一》：「（元仁宗）延祐初，令陰陽人依儒醫例，於路、府、州設教授員，凡陰陽人皆管轄之，而上屬於太史焉。」）自此，民間的陰陽術士（陰陽人），被納入官方的管轄之下。

至明清兩代，陰陽學制度更為完善。中央欽天監掌管陰陽學，明代地方縣設陰陽學正術，各州設陰陽學典術，各縣設陰陽學訓術。陰陽人從地方陰陽學肄業或被選拔出來後，再送到欽天監考試。（《大明會典》卷二二三：「凡天下府州縣舉到陰陽人堪任正術等官者，俱從吏部送（欽天監），考中，送回選用；不中者發回原籍為民，原保官吏治罪。」）清代大致沿用明制，凡陰陽術數之流，悉歸中央欽天監及地方陰陽官員管理、培訓、認證。至今尚有「紹興府陰陽印」、「東光縣陰陽學記」等明代銅印，及某某縣某某之清代陰陽執照等傳世。

清代欽天監漏刻科對官員要求甚為嚴格。《大清會典》「國子監」規定：「凡算學之教，設肄業生。滿洲十有二人，蒙古、漢軍各六人，於各旗官學內考取。漢十有二人，於舉人、貢監生童內考取。附學生二十四人，由欽天監選送。教以天文演算法諸書，五年學業有成，舉人引見以欽天監博士用，貢監生童以天文生補用。」學生在官學肄業、貢監生肄業或考得舉人後，經過了五年對天文、算法、陰陽學的學習，其中精通陰陽術數者，會送往漏刻科。而在欽天監供職的官員，《大清會典則例》「欽天監」規定：「本監官生三年考核一次，術業精通者，保題升用。不及者，停其升轉，再加學習。如能黽勉供職，即予開復。仍不及者，降職一等，再令學習三年，能習熟者，准予開復，仍不能者，黜退。」除定期考核以定其升用降職外，《大清律例》中對陰陽術士不準確的推斷（妄言禍福）是要治罪的。《大清律例·一七八·術七·妄言禍福》：「凡陰陽術士，不許於大小文武官員之家妄言禍福，違者杖一百。其依經推算星命卜課，不在禁限。」大小文武官員延請的陰陽術士，自然是以欽天監漏刻科官員或地方陰陽官員為主。

官方陰陽學制度也影響鄰國如朝鮮、日本、越南等地，一直到了民國時期，鄰國仍然沿用着我國的多種術數。而我國的漢族術數，在古代甚至影響遍及西夏、突厥、吐蕃、阿拉伯、印度、東南亞諸國。

術數研究

術數在我國古代社會雖然影響深遠，「是傳統中國理念中的一門科學，從傳統的陰陽、五行、九宮、八卦、河圖、洛書等觀念作大自然的研究。……傳統中國的天文學、數學、煉丹術等，要到上世紀中葉始受世界學者肯定。可是，術數還未受到應得的注意。術數在傳統中國科技史、思想史，文化史、社會史，甚至軍事史都有一定的影響。……更進一步了解術數，我們將更能了解中國歷史的全貌。」（何丙郁《術數、天文與醫學中國科技史的新視野》，香港城市大學中國文化中心。）

可是術數至今一直不受正統學界所重視，加上術家藏秘自珍，又揚言天機不可洩漏，「（術數）乃吾國科學與哲學融貫而成一種學說，數千年來傳衍嬗變，或隱或現，全賴一二有心人為之繼續維繫，賴以不絕，其中確有學術上研究之價值，非徒癡人說夢，荒誕不經之謂也。其所以至今不能在科學中成立一種地位者，實有數因。蓋古代士大夫階級目醫卜星相為九流之學，多恥道之；而發明諸大師又故為惝恍迷離之辭，以待後人探索；間有一二賢者有所發明，亦秘莫如深，既恐洩天地之秘，復恐譏為旁門左道，始終不肯公開研究，成立一有系統說明之書籍，貽之後世。故居今日而欲研究此種學術，實一極困難之事。」（民國徐樂吾《子平真詮評註》，方重審序）

現存的術數古籍，除極少數是唐、宋、元的版本外，絕大多數是明、清兩代的版本。其內容也主要是明、清兩代流行的術數，唐宋或以前的術數及其書籍，大部分均已失傳，只能從史料記載、出土文獻、敦煌遺書中稍窺一鱗半爪。

術數版本

坊間術數古籍版本，大多是晚清書坊之翻刻本及民國書賈之重排本，其中豕亥魚魯，或任意增刪，往往文意全非，以至不能卒讀。現今不論是術數愛好者，還是民俗、史學、社會、文化、版本等學術研究者，要想得一常見術數書籍的善本、原版，已經非常困難，更遑論如稿本、鈔本、孤本等珍稀版本。在文獻不足及缺乏善本的情況下，要想對術數的源流、理法、及其影響，作全面深入的研究，幾不可能。

有見及此，本叢刊編校小組經多年努力及多方協助，在海內外搜羅了二十世紀六十年代以前漢文為主的術數類善本、珍本、鈔本、孤本、稿本、批校本等數百種，精選出其中最佳版本，分別輯入兩個系列：

一、心一堂術數古籍珍本叢刊

二、心一堂術數古籍整理叢刊

前者以最新數碼（數位）技術清理、修復珍本原本的版面，更正明顯的錯訛，部分善本更以原色彩色精印，務求更勝原本。并以每百多種珍本、一百二十冊為一輯，分輯出版，以饗讀者。

後者延請、稿約有關專家、學者，以善本、珍本等作底本，參以其他版本，古籍進行審定、校勘、注釋，務求打造一最善版本，方便現代人閱讀、理解、研究等之用。

限於編校小組的水平，版本選擇及考證、文字修正、提要內容等方面，恐有疏漏及舛誤之處，懇請方家不吝指正。

心一堂術數古籍 珍本 整理 叢刊編校小組

二零零九年七月序

二零一四年九月第三次修訂

挨星金口訣袖珍本

弁言

挨星之說。分門聚訟。由來久矣。不得傳心之祕。不經覆墳之多。必不能道其真僞疑似於一覽也。余究心此學。歷三十有五稔。始將五里霧突破。踵楊曾之門。升楊曾之堂。入楊曾之室。敢起楊曾而問之曰。道在是乎。必曰道在是也。道在是也。於是一望諸家穿鑿支離之說。可以立判其非。再讀蔣氏辨正。及無心道人直解。不啻把臂談心。始信前人果不我欺。我再說法。亦不敢絲毫有欺於後人也。前撰三元真諦留紫錄抱膝答難種種。於地盤下卦之密切口訣。開已闡發無遺。

惟天盤挨星一途。余自談氏養吾之玄空路透。尚屬貌似。而未能與楊曾一一作心印也。出版以來。隱究於心。深知無心道人之直解。紹繼蔣氏排正而卓有見地。有非他書所能企及者。談氏屬其再傳弟子。於路透之作。不用三般卦起父母。又執紅黑字定陰陽。求建稱父母本應倒排。而又以順出之。顯與直解南轅北轍。果何故歟。意者出道之眞。能改天命。奪神功。不敢以印板文字。利盤托出。而又救世情殷。遂以僞亂眞。而蘊有心人之自悟歟。是必有注也。余擬修改眞諦冒禁錄等書。爲晩年定本。竊慮一時不及。乃草此三十二條。付印小册．先行耑告同人．用資參究．天卦地卦。體用兼全。能於前後八尺。審移步換形之穴心。又於流轉九星。識乘時納氣之關竅。而今而後．庶可告無罪於講學云耳．歲在玄默敦牂．貞於孟陬．既望．華陽王元極自識．時年六十有一。

挨星金口訣袖珍本

挨星金口訣

王元極

三般卦以一四七。四七一。七一四爲一般。二五八。五八二。八二五爲一般。三六九。六九三。九三六。爲一般。以三般卦起山向建極父母法。天元卦突然自起。不經位數。如一運起一。以至九運起九是也。人則兩元純四位而起父母。如一運之人元起四。地元起七。（即一四七）以至九運之人元起三。地元起六（即三六九）是也。順而數之純四位者。逆而數之即經七位。經曰北斗七星去打劫。離宮要相合指此。如一運之四七。若與一離宮者。一可劫四。又可劫七。則與離宮相反者。又適轉而相合矣。逆七相合者。有七日來復之義。必知此例。乃為人地二卦定卦分星之祕竅。玩經文上二句為識得父母三般卦。便是真神路。已可曉然。況玩全經又有云。東西父母三般卦。算值千金價。天地父母三般卦。時師未曾話。更看父母下三吉。三般卦第一。諸如此類。挨貪三般卦。皆指父母二字言之。識此則凡講挨星而不由三般卦起建父母者。可一望而斥為偽法矣。

或問一卦三山。同在一宮之內。挨星起星。宜同用一命星也。

何爲劃分三卦。迥然不同。(卽如一運一起天元四起人元七起地元之不同)不知三般卦之爲用。原以三大卦爲體。按二十四山。三大卦法。以子午卯酉。配乾坤艮巽爲天元。寅申巳亥。配乙辛丁癸爲人元。辰戌丑未。配甲庚壬丙爲地元。三元旣分。經界顯然。蔣氏謂卦分三爻。爻分三用者以此。蓋陰陽之妙用始於一。有一爻卽有三爻。明乎此則一四七。二五八。三六九之循環顚倒。爲玄空起父母之三般卦。又何疑乎。

視三大卦所下之一卦。應用三般卦之某一卦爲令星入中五。以求山向建極父母。爲令星入中五。以求山向建極父母。再入中五。分陽順陰逆。以挨九星於本卦八路。挨星必用中五爲樞紐者。經曰中五立極。臨制四方是也。求山向建極父母。必用逆推。卽經言倒排父母是眞龍之訣。其義出於易逆數也。心眼指要有一九二八三七四六中五凡五圖。可玩而知之。惟法厥九圖而後併爲五。未免示人不明耳。

凡下三大卦之天元山向。於三般卦爲突然自起。即一運起一以至九運起九。此用入中之令星。即天心正運之一卦。經曰八卦只有一卦通指此。必用得此一卦。乃能流轉八卦於八方。天元如是。而人地二元。如一運用四七。以至九運用三六。亦皆自天心一卦通之。經曰乾坤艮巽轉何立。乙辛丁癸落何宮。甲庚壬丙來何地。星辰流轉要相逢。蓋指天心一動。九宮便更。必不能固執地盤於一定也。

三大卦以子統天元。寅統人元。辰統地元。即三統三運之謂。三大卦之配法。又與曆家之天德神相符。如子午卯酉月。以乾坤艮巽爲天德。寅申巳亥月。以乙辛丁癸爲天德。辰戌丑未月。以甲庚壬丙爲天德是也。三車書云。天德祀。敬乃尊指也。又奇門以甲己加子午卯酉爲上元。加寅申巳亥爲中元。加辰戌丑未為下元。三大卦易彼之上中下為天人地。義亦相通。又奇門係節氣分為三元。五日一元。如冬至一七四夏至九三六之例。皆經七位換一元。三大卦視三般卦配父母。餘卦三爻。分天人地三山。以一四七、二五八、三六九、循環顛倒。亦與奇門之分局相似。竇照引奇門作比云。天有三奇地六儀。天有九星地九宮。蔣氏註謂奇門主地。從洛書來。與地理大卦同出一源。而時師用錯。所以不驗。惟挨星大五行。是奇門真訣云云。良有以也。

一二三為上元。亦可稱天元。四五六為中元。亦可稱人元。七八九為下元。亦可稱地元。此大三也。一二三又分上中下。亦可稱天人地。四五六七八九亦然。此為小三元。一四七為上中下三元之首運。號統令星。一元得三元龍力。名能管足六十年。二五八為上中下三元之中運。得為專令。一元尚有兩元龍力。多能管至四十年。三六九爲上中下三元之末運。尙爲專令。
一元只有一元能力。各管二十年而已。此爲元運消長之大限。
在於中設行氣辨之。不以地盤板格論也。
經曰江東一卦從來吉。八神四個一。蓋謂江東卦乃卦之起於西
者。八卦之中。自乾而離而震之經四位以起父母也。即六九三
之來一卦。於六運將三六卦之地元起星用之。亦即小三元之地
元也。故一卦只管一卦之事。蓋三震當令。若坤都已過時。巽
雖將來。又巽屬一元。巽時之不能兼管他卦。非卦之不能兼通
他卦也。六乾九離亦然。又曰江西一卦排龍位。八神四個二。
蓋謂江西卦乃卦之起於東者。八卦之中，自巽而兌而坎之經四
位以起父母也。即四七一之中一卦。於四運將三大卦之人元起
星用之。此乃借喻小三元之人元卦。故一卦可管二卦之事。小
三元之人元。本二五八也。而反借四七一之七爲人元作喻。隱

謎至深且幻。有如此者。註謂兌為七。屬下元首運。該包三卦。以七數至九。亦該得三吉。是假兌七一卦。明示人以上中下之首運。皆屬小三元之天元。一卦可管三卦。而小三元之人元一卦管二卦之本旨。亦可悟於言外矣。妙在不作正解。而謂八神四個二之二字。是玄空心法中只得艮兌。不得離九之為二也。七入中作兌山。水龍排向。離九為建極父母。已入中五。八方排來。只得艮八兌七。此又兼以挨星眞訣示人。而不拘拘於人元管二卦作解也。至南北八神共一卦而不言四個者。註謂即江北一卦。突然自起。不經位數。亦舉坎一以例其餘八卦耳。以三般卦令星入中五。倒排父母。分山水為兩片。上四運一二三四在山。九八七六在水　並為得時得令。反此則為失時失令。下四運六七八九在山。四三二一在水。並為得時得令。反此則為失時失令。得時得令者為陽。失時失令者為陰。此陰陽隨時不同。隨地而異。是爲在在陰陽。經曰能分兩片陰陽取。又曰分却東西兩個卦。可謂東西兩片。又可謂左右兩片。並可謂往一片。來一片。生一片。死一片。明得空中排龍。有顛倒活潑之神機。則所謂眞陰眞陽。自有一定把握。絕無半點遊移。(一玄空秘旨)開章即曰。不知變易。但知不易。九星八卦皆空。不識三般。挪移兩片。凡屬五行皆錯。有味乎其言之不可忽也。

兩片無中五。値中元五運二十年。前十年寄巽。後十年寄乾。凡用三般卦令星入中五。倒排建極父母。中五所到之位。即以入中之一星。暗定其陰陽。如一入中。五到坎。坎之本位即一。二入中。五到坤。坤之本位即二是也。若順排則五反到入中之對宮矣。此亦是證建極父母之必倒排也。順排父母倒子息。即犯上山下水。

洛書四正爲陽。四隅爲陰。蔣氏雜經。依干維乾艮巽坤壬。支辰坎震離兌癸之例。以四正之子癸午丁卯乙酉辛爲黑字屬陰。四隅之乾亥巽巳坤申艮寅爲紅字屬陽。正與洛書相反。而四正之甲庚壬丙。仍作紅字屬陽。四隅之辰戌丑未。仍作黑字屬陰。此蓋示人以陽可變陰。陰可變陽。陰陽之眞者。必隨時隨地而變遷不一也。直解論眞陰眞陽。有曰生者爲陽。死者爲陰。來者爲陽。往者爲陰。當令者爲陽。失運者爲陰。非以山爲陽水爲陰也。又非以紅字爲陽。黑字爲陰也。又非以干屬陽支屬陰也。辨僞歌甲庚壬丙俱屬陽。有時占陰不喚陽。乙辛丁癸是陰位。有時占陽卽喚陽。業已明山示人不可執定陰陽爲死物。而天元歌更有四吉四凶分順逆一語。四吉四凶。卽山一片水一片之四吉四凶。蓋大五行以來一片爲順爲吉爲陽。往一片爲逆爲凶爲陰故也。

三般卦令星入中五倒排求出之建極父母。即是玄空中飛排之氣。名爲金龍。上四運內。一二三四在山（坐山）九八七六在水（向首）下四運內。六七八九在山。四三二一在水。皆爲動爲陽。反此則爲靜爲陰。青囊序云。先看金龍動不動。奧語云認金龍。一經一緯義不窮。動不動。直待高人施妙用。均指此也。揭訣。山上排龍。要山上得陽。令星乃能到山。水裏排龍。要向上得陽。令星乃能到向。直解有云。山上龍神不在山。水裏龍神在水。即謂陽山陽水。不得此訣。不能解之。談氏玄空路透。不用三般卦。而又順排父母。山上龍神在山。水裏龍神在水。反是陰山陰水。陽爲生。陰爲死。陰陽倒用。斷爲僞法無疑。即查其所用之陰陽。純用天盤飛到之紫白爲陽。黑白爲陰。尤爲謬誤之至。

令星入中以求建極父母。如一運作天元八山。一爲令星入中五。倒排一周。得二巽三卯四坤五子六午七艮八酉九乾。是爲八天元建極父母。如作人元入山。即自一經四位而起父母。以四入中五。得五巳六乙七申八癸九丁一寅二辛三亥。如作地元八山。再自四經四位而起父母。以七入中五。得八辰九甲一未二壬三丙四丑五庚六戌。逐路逐卦。排定建極父。衹取所用之山向。或重山上排龍。或重水裏排龍。或山上水裏必須兼顧。隨定用神。爲陰爲陽。孰得孰失。再入中五。以排九星於八路。假如一運作卯山酉向。卯山之建極父母是三。爲山上得陰。三入中五順挨。於是四乾五酉六艮七午八子九坤一卯二巽。爲本卦八路排星。一到卯。即令星到山。山上龍神在山。是吉。酉向之建極父母是八，爲水裏得陰，八入中五順挨，於是九乾一酉二艮三午四子五坤六卯七巽。爲本卦八路挨星。一到酉。即令星到向。水裏龍神在水。是吉。如坐酉向卯。則以八排山。

三排水。爲陰山陰水。皆逆排九星於本卦八路。山之令星反在向。水之令星反在山。是謂上山下水。最凶。知此三卯八酉之爲建極父母。視山水而一神兩用。陰陽顛倒。則二十四山。共成四十有八局之活法。即可了然於一掌矣。經曰二十四山雙雙起。少有時師知此義。又曰九星雙雙排異。玄關真妙處。又曰二十四山分兩路。認取五行主。又曰翻天倒地對不同。秘密在玄空。諸如此類之口訣。有不一言立語者乎。

直解有云。山用順。水用逆。滴註已明。水用逆而星仍用順。時師未曉。閱者多不能解。按山用順。水用逆。即上四運一二三四宜在山。九八七六宜在水。下四運六七八九宜在山。四三二一宜在水之兩片法也。滴註之誤。在膠柱於地盤耳，其運本不爲謬。故曰滴註已明。其水用逆而星仍用須一語。是謂用得逆時之水。乃爲陽水。人談星掌必是真非。大五行不論山水二龍。皆取順不取逆。順天者昌。逆天者亡。知者其有幾人乎。
攷斥時師爲未曉。
挨星條例。坤壬乙。巨門從頭出。艮丙辛。位位是破軍。巽辰
亥。盡是武曲位。甲癸申。貪狼一路行。見奧語。又逸語云。
子卯未。三山祿存位。午酉丑。三位右弼守。乾戌巳。文曲古
歌是。庚丁寅。依例作輔星。世傳蔣氏羅經。久已備載而用法
不傳。范宜賓乾坤法竅。改作貪狼子癸與甲申。壬卯未坤乙巨
門。四六宮中皆武曲。酉辛丑艮內破軍。寅午庚丁四位七。從
右弼一星次第臨。說與蔣嶠大有出入。而蔡岷山辨正求眞。又
作坤壬乙。巨門從頭出。艮丙辛。位位是輔星。巽辰亥。盡是
文曲位。甲子申。貪狼一路行。癸未卯。三宮祿存守。寅午庚
。依例作弼星。丁酉丑。三山破軍守。乾戌巳。武曲一星是。
又與蔣范彼此懸殊。孰是孰非。問者少有定評。必得訣而後。

始設三家條例。何以一法貫之。所謂挨星條例者。蓋以活法示人。或異或同。在所不拘。是巨門。非巨門。是破軍。非破軍。位無定位。名無定名。皆視天心而爲轉移者也。然以令星入中五。倒排建極父母。再入中五。取陽順挨之。令星必到所用山向。試考甲癸申貪狼一路行一例。貪狼即一爲令星。一入中。三到甲。三再入中。甲上得一。一入中。五到癸。五再入中。癸上得一。一入中。四到申。四再入中。申上得一。此甲癸申豈惟可作貪狼而已哉。九星即任舉一星作令星。亦無不到甲癸申矣。貪狼又豈惟甲癸申而已哉。二十四山任作何山於貪狼令星游。亦無不有一貪狼到矣。三家條例。故作歧中之歧。不以此類排之。萬難字字脗合。惟條例排星。一律用順。意在敎人趨陽避陰。必勸破山上排龍。坐山要得陽。水裏排龍。向首要得陽之一竅。始能曉然而無疑耳。

天元取輔。人元兼貪。是第一重要作法。天元卦取得天心正運一卦乘時。令星得地。用下卽發。如不取輔。恐一發便衰。不能補救於將來。輔星安在。卽一運之四七。以至九運之三六是也。經曰。子癸午丁天元宮。卯乙酉辛一路同。若有山水一同到。半穴乾坤艮巽宮。取得輔星成五吉。山中有此是眞龍。卽天元取輔之炬鑊。蔣註輔星五吉。指天元宮之最親者言。可知輔星卽子息卦之挨星氣。非左輔星。惟註有取四仲之支爲天元宮者。非此四支皆屬天元。乃謂此四支之中。有天元者存也一說。意假大三元之天元以作隱謎。遂使人反疑子午卯酉之不爲天元矣。其註人地卦亦然。又作人地二卦。所用令星。另由北斗打封而來。皆非本元正運。如不兼貪。不能取得當時直達之機。恐用下裝微。待久乃發。未爲善也。兼貪非他。有如一運作人地。正用四七而兼收得一。以至九運正用三六而兼收得九。即是貪狼・貪狼指父母卦之挨星盤。非貪狼星。經曰寅申巳亥人元水。乙辛丁癸水來從。更取貪狼成五吉。寅坤申艮御門開。又曰辰戌丑未地元龍。乾坤艮巽夫婦宗。甲庚壬丙爲正向・脈取貪狼護正龍。即人地兼貪之標準。蔣註謂人元必兼貪狼而先榮後凋。若不兼貪狼。慮其發過熱驟歇。地元能取貪狼護衛正龍根本・則卦氣未值。其根不搖。卦氣已過。源長流遠。玩此評論・可知人地二元所用介星。恆與天心正卦上下懸隔。所以然者・由經四位而起故也。人地兼貪・覺比天元取輔・尤爲吃緊之至。

兼帶之辨。卦之中交爲父母・兩旁爲子息。父母排到子息。總是一卦之內。純乎吉純乎凶。視時地而最易見。若雜他卦之父母。或他卦之子息。此必吉凶不純。非精細辨之不可、經曰五行位中出一位。。仔細宻中記。又曰共路兩神爲夫婦。認取眞神路。又曰父母排來看左右。向首分休咎。又曰父母陰陽仔細。前後相兼定。前後相兼兩路看。分定兩邊安。凡屬兼帶之局。除正下起星外。無論兼帶幾位。總傍本宮坐山向首。以三般卦起星取之。倘來龍不純。水又夾雜。天卦又出入不一。主凶。地盤一卦純清之局。或天元一卦。或地元一卦。或人元一卦。時術莫不以爲至美矣。經曰卦內八卦不出位。代代人尊貴。要知地卦不出。天卦不合。猶爲卦外。必地卦不出。天卦亦不出。乃眞卦內也。或地卦出。天卦不出。亦謂卦內。地卦有三大卦互出之局。果能如法收得三吉五吉。並雌雄交會。地大不可名言。固有人地錯雜。如巳丙亥壬寅甲申庚乙辰辛戌丁未癸丑之類。亦有時天卦偶合而不嫌錯雜者。然要審慎之至。不可輕下。惟亥壬壬亥二局。又可任用而無忌也。

要照于癸爲吉壬子凶。三字眞假在其中。及子字出脈子字尋蹤數差錯丑與壬數語。只解作地盤辨龍行度陰陽之純雜可也。若作天卦。便與三般卦大相牴牾。必天人地三卦並以一个星起星。地與天人。分作陰陽兩路。仍以紅字爲陽。黑字爲陰。始與此數語相合。識得吾之玄空路透即是此法。而諸家挨星亦多類此。斷然謬誤。特爲辨之。

經曰陰陽二字看零正。坐向須知病。若遇正神正位裝。撥水入零堂。零堂正向須知好。認取來山腦。水上排龍照位分。兄弟更子孫。按山水陰陽。由零正而分。上四運一二三四爲正神。九八七六爲零神。下四運六七八九爲正神。四三二一爲零神。即兩片之別名也。坐正向零。山上龍神在山。水裏龍神在水。自是無病。若過正神在向。犯水裏龍神上山之病。能撥水入零堂。而來山坐主有得正神在位。不犯山上龍神下水之病者。即雙个星到山之局也。雖有病亦吉。水上排龍照位分。指撥水排龍之法。排着同元一氣者爲兄弟。挨得五吉三星者亦爲兄弟。兄弟之左右兩爻又爲子孫。故必照位分開。孰吉孰凶。始有定許。

經曰本山來龍立本向。反吟伏吟禍難當。按本龍本向。明指本元旺氣到向。以水論屬陰。旺氣到向。每見衰氣到山。亦是陰神。犯上山下水之患。是以大凶。直解故作反語爲本元旺氣到山。與經文首本龍本向牴牾。至註下節墳頭下了剝官星一句。乃明言此剝官即上節本山本向。反吟伏吟。上山下水。顚倒誤用。官星受尅之剝官也。附另一解。凡值五廉爲建極父母。其陰陽視入中之令星定之。如一運一入中。五到坎。下天元卦。五卽帶一。排山爲陽順。八方位位是伏吟。排水爲陰逆。八方位位是反吟。然本元下本元山。坐山厚重者。雖伏吟亦吉。若向對本元。水裏龍神上山。與前解無忌。

經曰乾山乾向水朝乾。乾峯出狀元。卯山卯向卯源水。驟富石崇比。午山午向午來堂。大將鎮邊疆。坤山坤向水坤流。富貴永無休。此指天卦一氣清純之貴。舉四卦以例其餘也。外此者巽主男尙宮主。女作宮妃。艮主忠良特起。仙聖並育。子主性情放蕩。儒雅風流。酉壬才品俊逸。文武兼優。見尹氏補義。

按諸家解乾山乾向水朝乾各例。均以先後天八卦兼納甲爲斷無一能中肯綮者。惟直解以一語破之曰。向上水上之星。卽山上之星也。最爲曉暢。例如六運作卯山酉向，山之令星六到山。水之令星六到向。朝水如在壬。壬上亦得令星六。卽爲乾山乾向水朝乾。一卦清純最吉。餘局倣推。

生入尅入。生出尅出之辨。凡立宅安首辨天心•以定穴中正氣。而更有擠其權者。則在向中朝入之氣。及所放之水也。向上無水而有空氣朝入之局、若主不勝客。可用我居於衰敗而受朝來生旺之氣。爲從外生入主吉。倘我居於走旺而受朝來衰敗之氣。似乎我反生之。爲從內生出。不吉。穴中既有生入之生氣・而所放之水。又在我衰敗之方。水來尅我。適所以生我也。爲從外尅入主吉。倘所放之水・又在我生旺之方。我居衰敗・爲從內尅出。不吉。此生旺衰敗。以零正辨之。非挨星也。

經曰。向放水。生旺有吉休囚否。按向上一星。據以最得神生旺爲要。向上無水去來者猶可。或有水去來者。或有水聚者。或見水光者。或合成三叉者・此謂之玄關。又謂之城門。關係盛衰之地。最爲緊要。不得陽神。令星反到山。便不可用、三吉五吉之辨一二三・四五六、七八九・是爲上中下三元三吉。變而通之・則二三四五六七八九一。亦爲三吉。三四五六七八九一二。亦爲三吉。直解涂游並有此例。三吉外兼取輔星。則爲五吉。一運取四七。二取五八。三取六九。四起七一。五取八二。六取九三。七取一四。八取二五。九取三六。三吉五吉。均在天卦上取之。蓋挨星作用・有專收三吉而歸於一路者。當時補救之機也。有兼收五吉而不歸於一路者。先時補救之道也。不直達則取勝無先鋒。不補救則善後無良策。此中循環顛倒。天心叵不易測也。豈單講地卦者所能窺其萬一哉。

天卦挨星之氣・恆以當令者爲旺。將來者爲生。將生者爲平。已過者爲衰・衰久者爲死。什山在水。一同論也。惟山之挨星只管山。水之挨星只管水。分道揚鑣・不相假借・與夫排龍一樣。山水並以顛倒判爲二途。是爲山水分用之訣耳。

挨星之用。固以山之令星到坐山、水之令星到向首。便謂之令星得地已。然於來龍水口。或朝水山峯。凡有關盛衰之處・有不得吉・亦未爲盡善也。蓋山向與來龍水口。或朝水山峯。於地理有雌雄交會之關竅。於天卦又必雌雄交會。最宜一六二七三八四九相見。或一九二八三七四六相見。或一四二三七八九六之相見。或三吉五吉相見而成聯珠。或三般卦相見而歸於一路。經曰。陰陽相見兩爲難。一山一水何足言。實指此也。三才三吉。六秀六建。二神三陽。子母公孫。父母子息。種種名詞之見於經者。在干支卦位辨龍純雜之用。茲不贅析。

看太歲法。在一年以年辰爲太歲。在一運以令星爲太歲。經曰合祿合馬合官星。本卦生旺尋。合吉合凶合祥瑞。何能趨避。但看太歲是何神。立地見分明。成敗定斷何公位。三合年中是指此。按應年應命。三合外尚有填實對冲最驗。。六合五合納甲亦驗。

經曰天卦江東掌上尋。知了值千金。下文即以地畫八卦誰能會。山與水相對緊承之。又曰第四奇。明堂十字有玄微。指地卦也。第七奧。要向天心尋十道。指天卦也。足見天卦地卦。雙方並重。必先將地卦干支方位。求得山水情形。位位對待配合。然後可以天卦辨其盈虛消長耳。如不先究地卦。八尺斷無一定準繩。古人立法。體用必須兼顧。有至理也。地卦用法。余前撰三元真訣冒禁錄各集已詳。茲不繁贅。

挨星舉例。(心眼指要)載宋飛濤溇東一地。葬於康熙乙丑歲。作亥山巳向加壬丙。課曰秀才出去狀元歸。登科即狀元。應於乙酉歲。在清康熙乙丑。值上元一運。作亥山巳向入元卦。自一經四位而得四為令星。(一刲四也)四入中倒排。求得山向建極父母亥三巳五。三管山為陽山。再入中順挨四到山。五管水為陰水。再入中逆挨。四又到山。此雙令星同聚於山之局。本屬次吉。惟挨山有二到向。乃三吉之一。挨水之六到向。又與山上之雙四成天心十道。又加壬為地元卦。再經四位得七為令星。(一又刲七也)七入中倒排。我所用山之本宮兄弟成上得六。六爲陰。再入中逆挨。壬上得一。即天心正運。亥加壬得四一同宮。一爲貪狼。四爲文曲。所以有狀元顯貴之應。應於乙酉者。乙酉入二運。向上是二。又兼巳酉丑三合故也。玩此人元起星。並雜地元之用法。則三般卦之顛倒精微。可以一例而貫之矣。

天元歌云。四吉四凶分順逆。父母二卦顛倒輪。向首一星災福柄。去來二口生死門。按此四語。賅括挨星用法。明瞭極矣。四吉四凶。即指山一片水一片之四吉四凶。非謂挨星有四吉四凶也。由山水兩片。分出陰陽順逆。父母二卦。即建極父母。如一運作卯山酉向。以三山八水管局。而酉山卯向。應換作八山三水。即是顛倒輪之訣。向首一星。最關休咎。故目爲災福之。言向首而坐山可知。山向乃穴之主腦。吉凶萬端。從此而出。陰陽順逆。從此而分。論水用向首。論山則論坐山。論水龍以去來二口為生死之門。論山龍則重來龍與水之去口。而來水可勿論也。其有特朝特聚之水。又當別論。龍用山收。水由向納。心眼指要有明文。

挨星之令星到坐山向首。可分四格。(一)排山得令星到山。排水得令星到向。此陽山陽水之局。於山水雙收之地最吉。(二)排山得令星到山。而排水亦令星到水。此陽山陰水之局。於坐山高厚豐隆。當面無水。或水不勝山之地最吉。否則水之令星。已與山之令星雙聚於山。必要水上之星。能與山上之星。陰陽相見乃吉。(三)排水得令星到向。而排山亦令星到向。此陽水陰山之局。於坐後低薄空虛。而向水頗盛。或來或去。或聚或現光。又或有特案特朝之山最吉。否則山之令星。已與水之令星。雙聚於向。必要山上之星。能與向上之星。陰陽相見乃吉。(四)排山得令星到向。排水則令星到山。此陰山陰水之局。山水雙收之地。值此爲山上龍神下水。水裏龍神上山。顚倒差錯。最凶。惟坐空朝滿之地。又反最吉。

凡下穴排得坐山向首兩令星。察其得地與否。并察來龍水口。與一切有關盛衰之處。一一叅互配合。孰凶孰吉。誰消誰長。可以一覽在目。但此法必視用時山向得失爲主。與造命理同。以葬乘生氣。或乘死氣故也。不識用自何時者。勿輕論之。

經曰。請驗一家舊日墳。十墳埋下九墳貧。惟有一墳能發福。去水來山盡合情。直解謂十墳用於一處。則九墳之前後左右。來山去水。坐山朝向。乘氣收水。方位干支。與此一墳總是一般模樣。而止一墳發福者。墳之形局雖同。所用之時各有先後。時有先後。坐山朝向。雖一般模樣。而在在之陰陽各別。陰陽既別。則五行之消長。氣運之盈虛。自有合與不合之辨。所謂合情者。惟此一墳之體與用。消與長。處處用得合法故也。

玩此則知同是一地一穴。一山一向。有用之此時則吉。用之彼時則凶者。亦有用之彼時小發。用之此時則大發者。凡有先葬失時之地。至此而天心適轉。正可修營改作。變凶爲吉。筠松先師救貧眞傳。舍此一變。更無二法。學者得余口訣。有如指掌而談。余已洩泄天機。幸望不益余過。而本仁孝之心。珍重寶藏。庶不負余三十五年苦心研究也歟。

增批補圖七十二葬法訂本

葬法之門　補天下[illegible]使[illegible]

人言之[illegible]　[illegible]者七十[illegible]

[illegible]試考郭景純葬書[illegible]

[illegible]

法葬之法法[illegible]

[illegible]吉以[illegible]

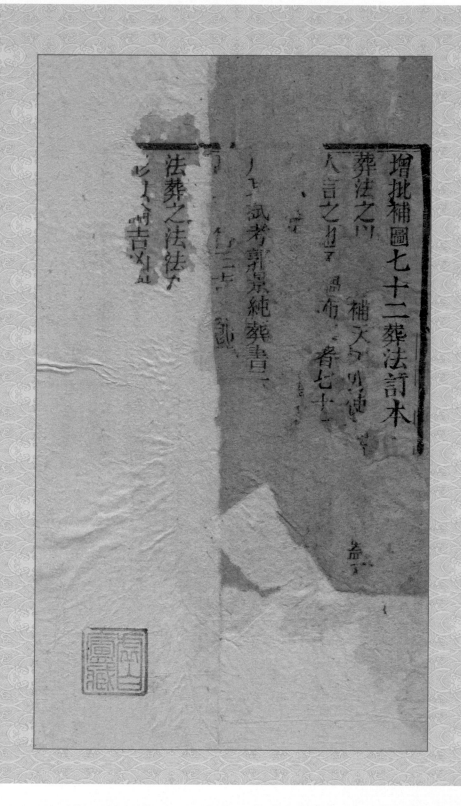

[illegible]素[illegible]篇十

大[illegible]成者[illegible]或過或不及皆以
儒士也豈若俗師之[illegible]為曲說耶夫[illegible]
遂有不容揣軟[illegible]之不[illegible]或生障礙者也布衣上
雜於諸家彙刊未克顯行於世者一由亥豕魯魚
不易辨別一由畫蛇添足之垢俗本未經剷除而[illegible]
又有文無圖難以醒豁心眼後人[illegible]以開[illegible]
敝館同人有鑒於此特以蘊眞逸人秘傳[illegible]曾批
明原形點染葬法誠知羔羊之皮不足以塡白狐
圖醒法而評語又極分明布衣復生諒亦首肯而不以

爲多事也已

時

大中華民國二十年五月一日華陽王元極建五氏

書於□昌館

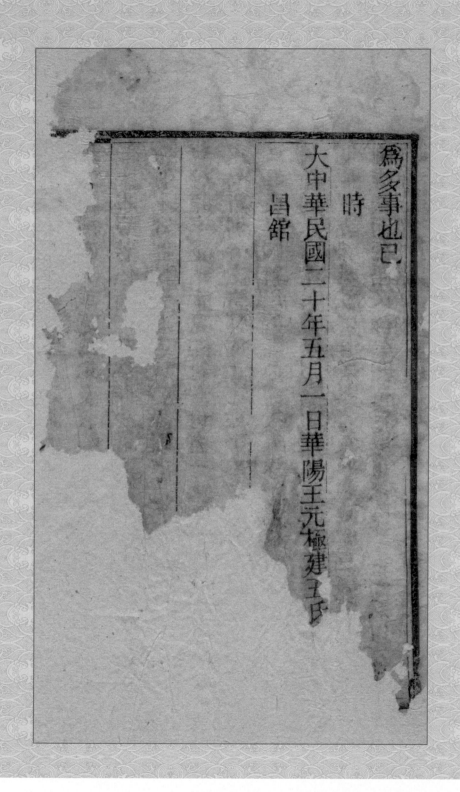

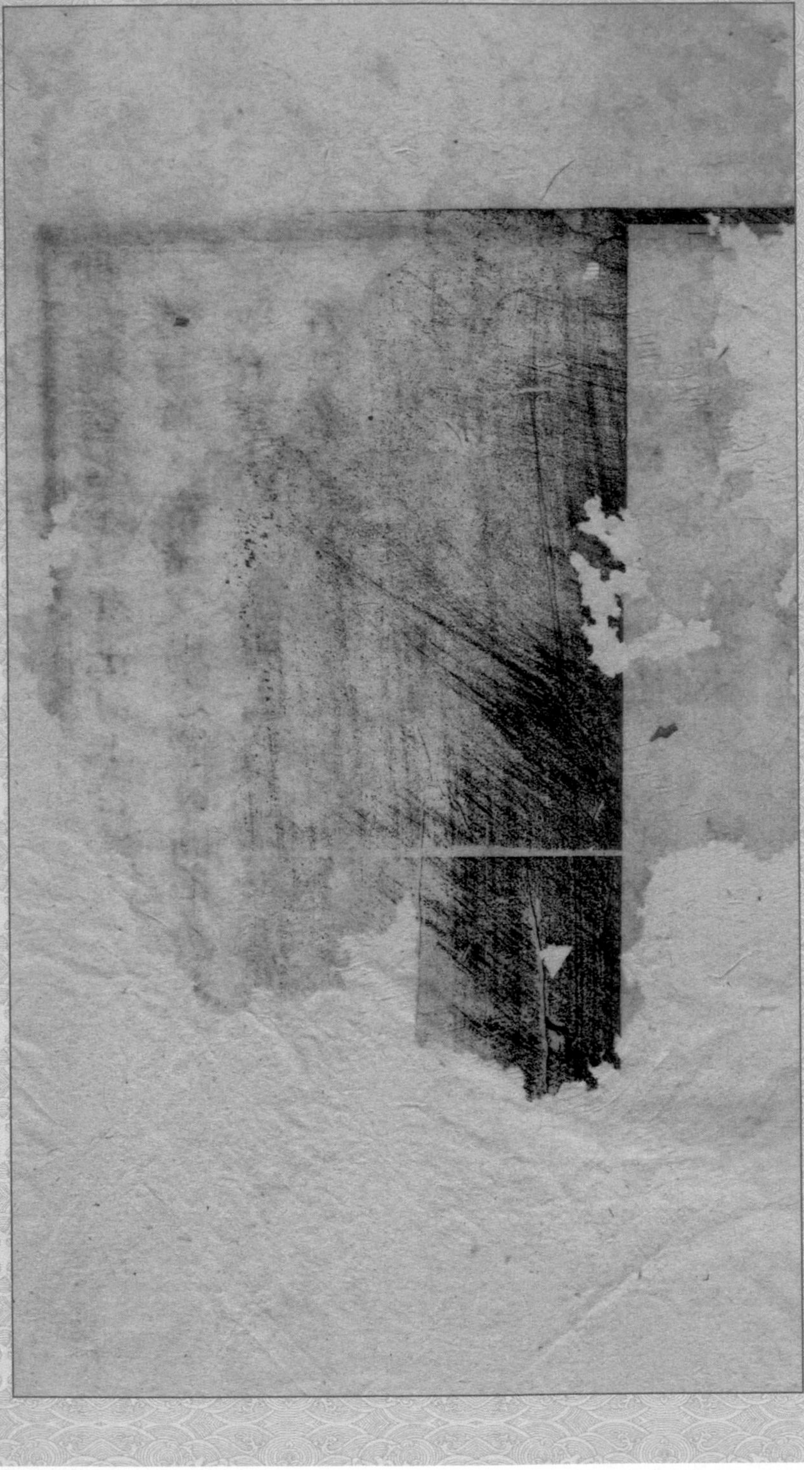

增批補圖七十二葬法訂本目錄

諸生死而用法者凡十一

頂葬法　沿葬法　坡葬法　比葬法

佩葬法　橫葬法　析葬法　立葬法

倂葬法　寄葬法　奇葬法

第五章　納星辰之秀而用法者凡四

破葬法　速葬法　載葬法

第六章　納局之法凡五

培葬法　實葬法　架葬法　攢葬法

借葬法

第七章　避水之法凡三

合葬法　平葬法　漏葬法

第八章　出煞之法凡三

露葬法　屏葬法　衣葬法

第九章　取諸龍虎而立法者凡九

閩葬法　闢葬法　鑽葬法　翼葬法

壅葬法　圍葬法　凹葬法　伏葬法

曲葬法

第十章　取諸小明堂而用法者凡九

注葬法　隱葬法　兜葬法　戧葬法

法　制葬法　蓄葬法　靑[illegible]

增批補圖七十二葬法訂本

宋賴公布衣太素氏著

清蜀西蘊眞逸人訂本

天昌館　王元極　楊天佑　增批

葬乘生氣。而氣因形察。變化至不一矣。豈得不

有常法。亦皆糟粕。若無神明之理以馭之。鮮不

害而地爲法害者。蓋神明固不在糟粕。舍糟粕

其神明。法由人立。人存則糟粕[illegible]神明

[illegible]爲糟粕。作七十二[illegible]

按大葬法須審穴塲之寬泛堂局之濶大者爲之否則仍屬小葬

第一章　審諸穴塲之體段而用法者

穴塲生氣有大小淺深之不同而葬法因之其大去什佰淺深有相去尋尺當相其體段消息使生而生人受蔭否則必乘死氣矣謂之與棄屍同

大葬法

生氣濶大則靈氣之乘亦大良由星辰高大龍虎寬舒而結此濶大生氣苟小葬之則星辰龍虎內堂之靈者大而穴小不足以收之則滿而溢於穴外必不能骨所謂大葬者大其羅圈冢堆也雖無定式而大略權十尋五尋之間

按小局之小葬易識大局之小葬不易識宜小而反大之必損

原形

大葬法

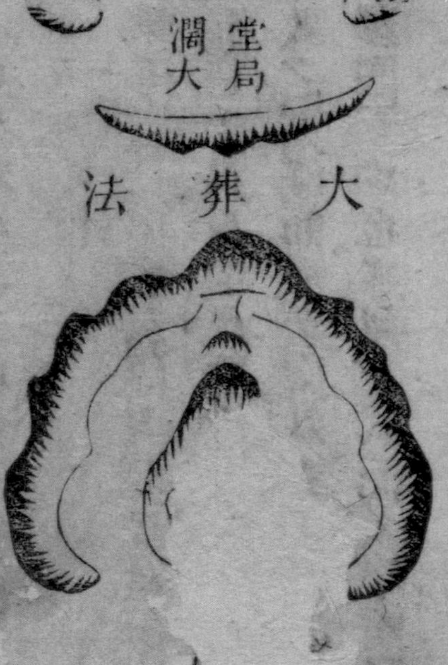

小葬法

生氣小小葬法亦宜小。而冢墓不出二尋一丈之間。蓋亾

星辰龍虎內堂大都俱小。亦有居於大局之中者。必去

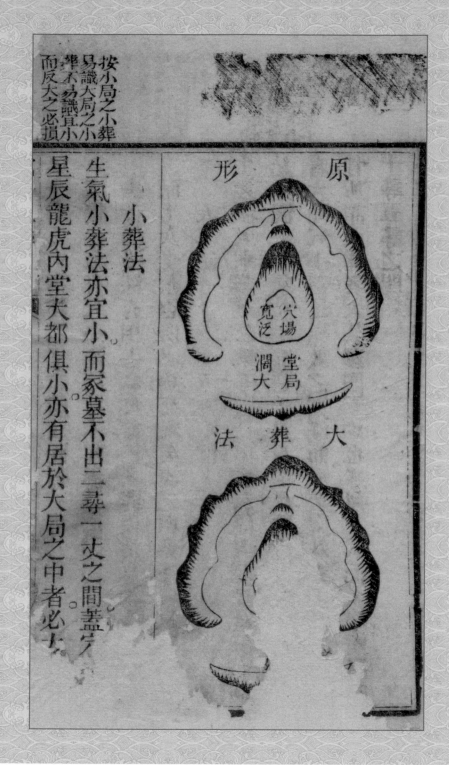

天靈至謂小葬得法發福極快則是不究元運而但以局小為斷未足以為定論也本集凡言發越遲速之處過犯此病後不再辨

又有微茫小局。在始融結。此穴但有影無形。而心粗氣不能察耳。葬得其法。發福極快。苟失其法。則滿棺蟻水。退絕丁矣。

原形

小葬法

深葬法

按坊本有作江北平岡有深至數十丈江南山隴未有深至十丈者語涉謬枉考諸家地書亦未有深至數十丈之作法此訂本之所以特為改之也

厚重之質其氣深釀平岡之多鬆散山隴之多砂石若失之於淺則白骨朽腐而不及於深則未納盡其氣僅小發而已江北平岡土厚塵浮宜深江南山隴土薄潮多宜淺
平岡與江北又大異也

原形

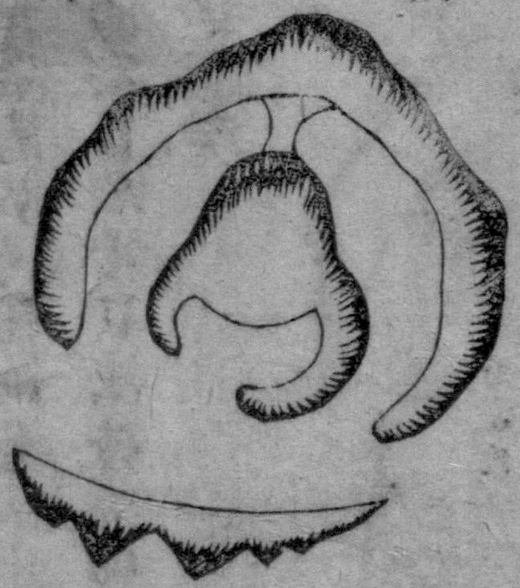

深葬法

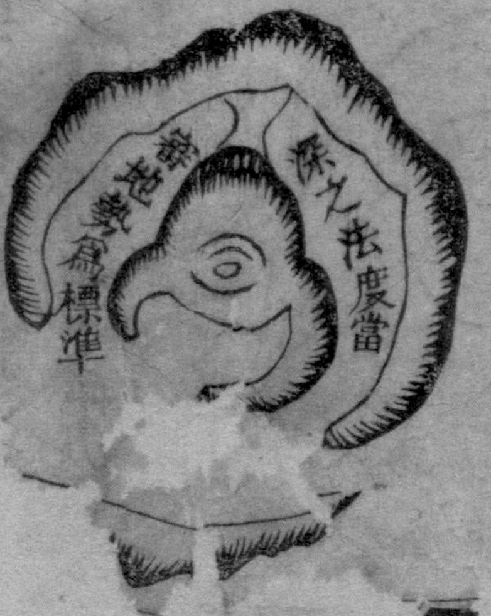

按土薄處宜淺葬此定法也俗術有淺葬易乘生氣一說於土厚處亦以淺爲之則失之固矣

淺葬法

仰掌之脈氣輕清而靈光含於土皮鋤一二尺土色往二三尺下便砂石矣若置棺於砂石之中則泥水浸而骨黑爛

原形

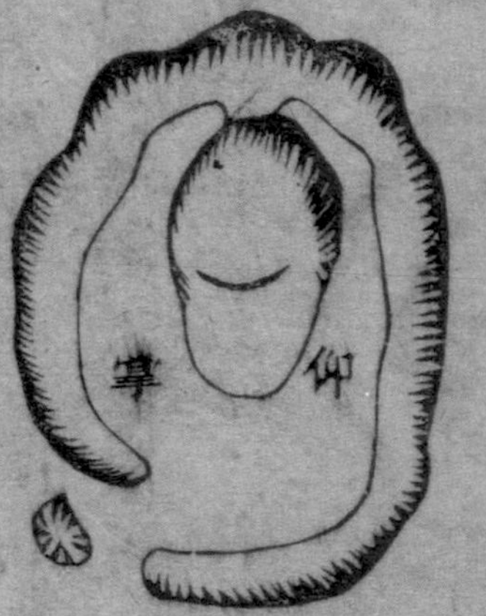

淺葬法

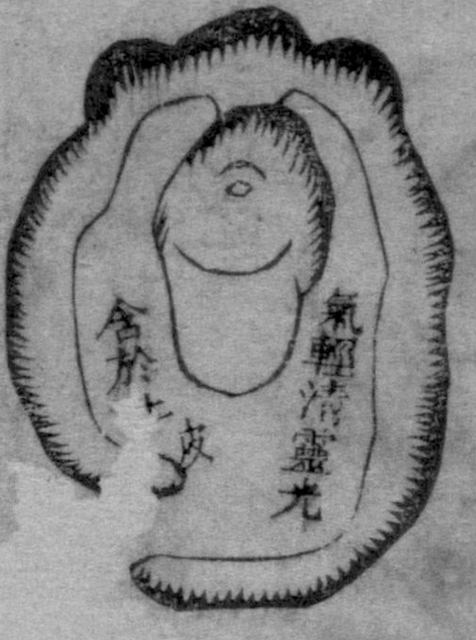

第二章

取諸四勢而用法者凡二

垣局有大小則化工之寓有薄厚得其大鍾大福得其小

按厚薄二葬法只視垣局之寬廣緊小爲標準可也平岡山谷之辨勿拘

鍾小福若氣不與棺相應造化何能相屬

厚葬法

厚葬者冢墩土厚也垣局寬廣則氣亦寬廣須厚土以塑之薄則靈氣游而不宿不宿則棺內烏得有氣江北平岡龍虎動經數十里故多厚作冢墩以蓄聚天和也

原形

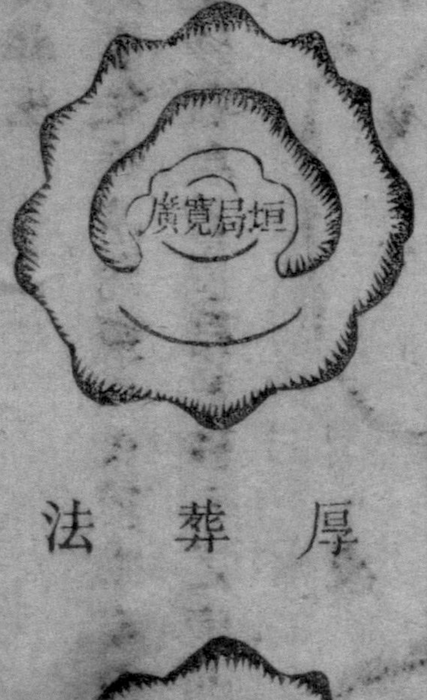

厚葬法

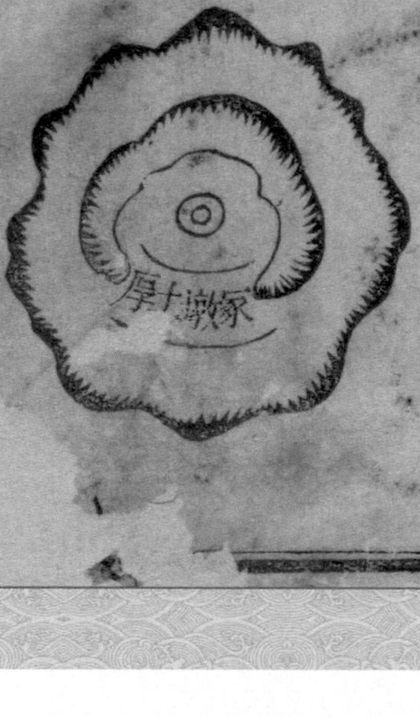

薄葬法

垣局緊小靈氣亦薄須薄土以迎之發越極快但不耐久○若用厚土培墳則氣僅凝於冢土而不及於棺中氣不入棺○何異鼠穴存金山谷難於招攝易於蓄聚故用薄葬以盡招攝之力法與平岡相反

原形

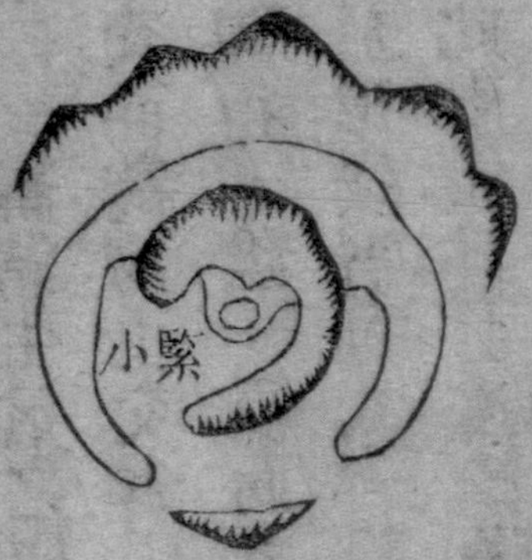

薄葬法

按形氣妙合之理此段議論已完全道破須仔細玩索不得但以槪論第三章限之也

第三章　審諸生氣之質性而用法者凡十五

天地交而萬物生交者陽噓陰吸之機中和之境也陽一噓而陽得承陰一吸而陰得施造化惟一中和中和之著其則於形質者有其清其濁其厚其薄而剛柔強弱之病形焉此兩儀之有象也若夫默運之靈目所不能覩手所不能指而實先天地而常存後天地而固有者乃太極之無形也然太極之無形卽在兩儀之有象處求之而交卽見端於不交自可由不交以求其交中卽隱於不中自可由不中以適其中得其交而陽噓陰吸之情當矣夫人之葬也豈眞藏也云乎乃葬夫天地之交也葬夫天地

按坊本此章吞吐吶閃虛懸六法均於論文之首冠有七言歌括實與全書通例不符訂本特筆刪除用歸一一誠爲有見閱者須知布衣原本流傳已久似此所刪歌括未必不出自後人之妄添蛇足也

之中也。

吐葬法

後岡劍脊化出陽氣少許。雖已成穴而氣尚未和湊之則骨黑爛而速禍。離之則氣脫而冷退絕丁。氣不離棺。棺要得氣。棺氣相值富貴始得。故以吐法葬之。其法有橫吐直吐斜吐之不同。直吐以太陽旺處分葬而截其上截之近太陰者砌一空壙而下截稍鋤尺許結壙置棺。與上空壙相連則陽氣和而生氣接矣。大抵太陰之脈必大舒陽氣煞氣方盡。如其不爾則置棺於土皮之上。今見陽氣尚少而四勢又無容用載。故用吐也。必形體濶大穴場寬廣土質深膩者始可以吐

按此圖直吐法也至橫吐斜吐二法雖吐勢不同而虛壙宜作在陰煞尚急之處下棺宜在陰煞已息陽和方來之處則一理也

法葬之若一塊豬羊肝吐之必禍生旦夕

原形

吐葬法

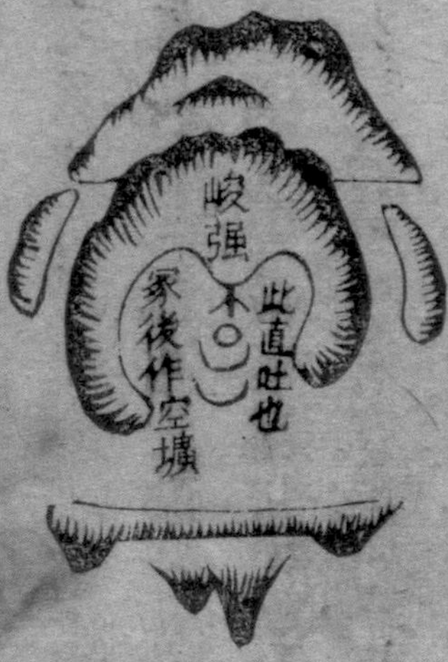

吞葬法

穴體微小不宜打破如損壞立見大凶四勢平夷若加冢蓋於其上則氣乘風散而陽噓陰吸之情泯矣宜用吞法葬

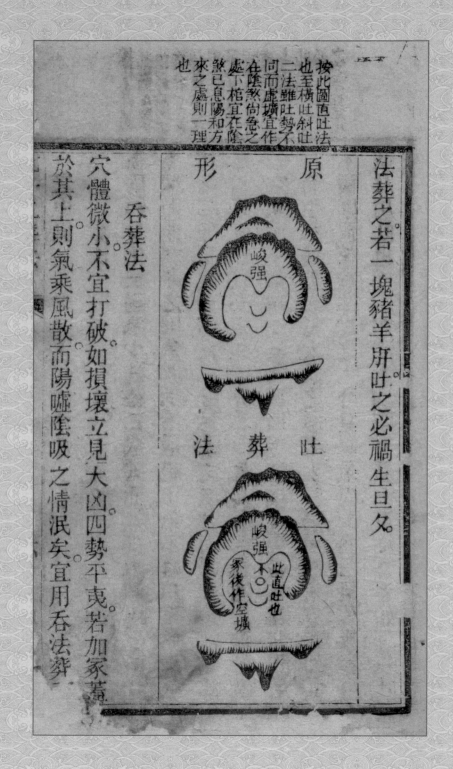

按此以穴體微小不宜打破四勢平夷又恐露風爲吞法本旨余見有據高山大嶺而亦用吞法葬之者殊屬非法

其法於微凸下穿一小孔洞。將棺送入洞內以厚土封固。口外作假塋虛井與棺相值。則內之山靈之氣由外之堂氣而凝。如法則發福大而綿遠。如明堂傾散者不用。

原形

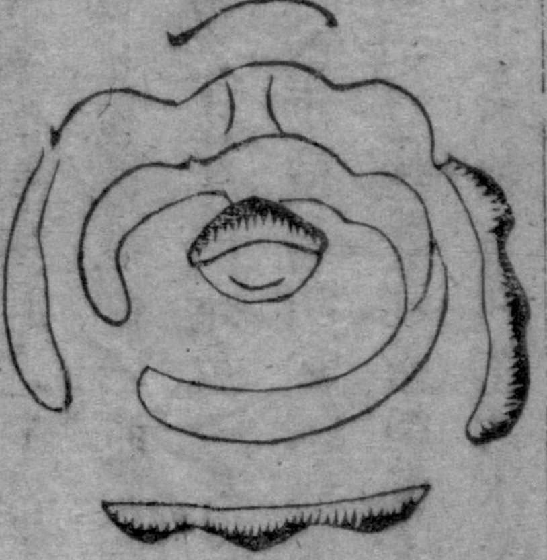

吞葬法

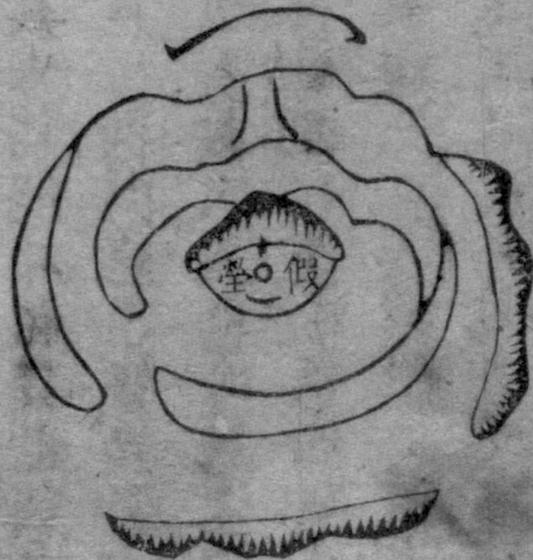

息葬法

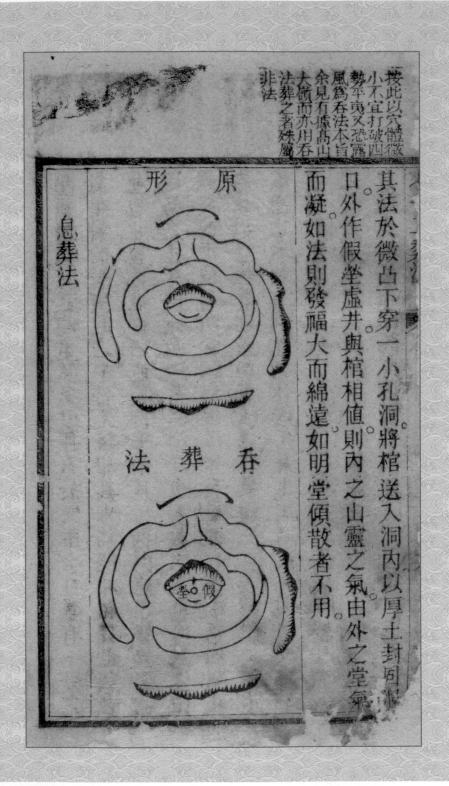

挖空後餘土以息粗峻之惡氣亦必土厚無石始可施工否則鑿鑿已成廢物又何息法之可言乎

星辰雄大元武粗重煞氣直奔入於穴中合口雖有一分之餘生氣的居極亟之中若不阻却其來烏能冲和其止息者憩也止也休也經曰地氣行乎中其行也因地之勢其聚也因勢之止又曰宛而中蓄然則葬也者葬夫止也今見主山端嚴龍虎侍衛明堂朝對俱備惟有垂頭粗重峻急而無止處故以息法葬之蓋粗重峻急之氣經一息則稍憩矣粗重峻急之氣稍憩則煞氣休而生氣止矣其法於穴後大開平基將粗重之體裁成天輪形樣以作近身蓋氣復鑿一深大之井於蓋氣之下而立穴於空壙之前培削相其形勢大坻息法與借法相同落坪之借不須息高山之息須用借卽亦

有不借者而深葬必無。

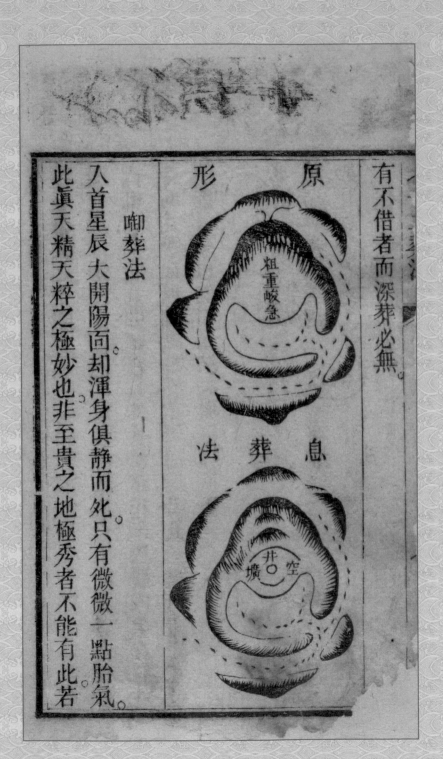

原形

息葬法

啣葬法

入首星辰大開陽面却渾身俱靜而死只有微微一點胎氣。此眞天精天粹之極妙也。非至貴之地極秀者不能有此若

按此口鉗窄小之穴有如花蕾始破柳眼初開者必以啣法作之寸土寸金極富貴惜爲要

進就一點之中則靈氣敗而滿棺泥水稍去一點之外則靈氣脱而冷退絶丁卽以啣法葬之啣與含不同含者含在口內啣者啣在口弦半在口外其法將棺半入脈內半在脈外不可用甎砌壙卽灰葬亦不可過厚蓋此一點眞靈之氣寸土卽寸金也倘用大結砌與打破何異

原形

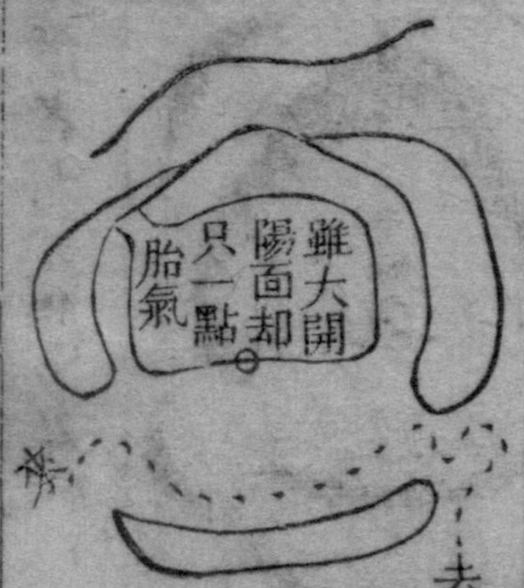

啣葬法

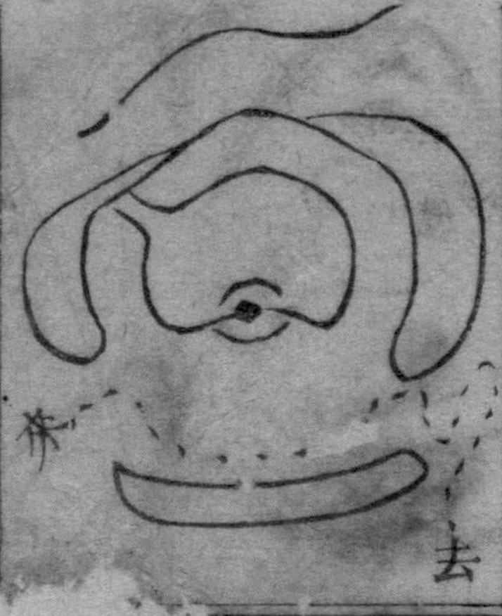

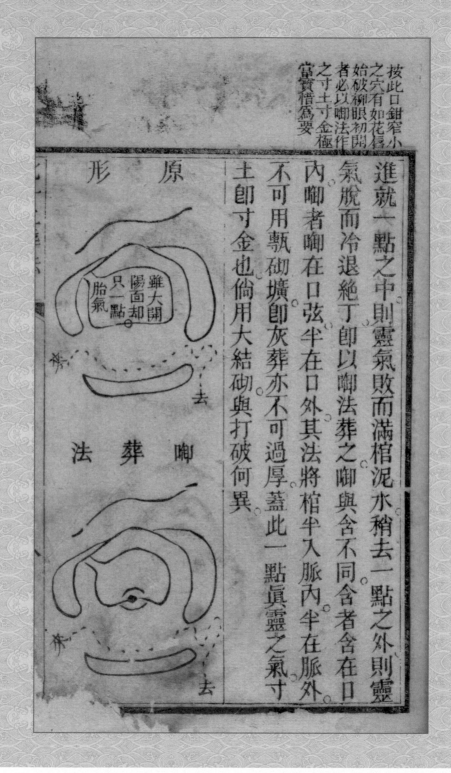

按得明堂於近身左右此閃結之特證也至空壙與實壙並立種種作法并脈急而又露氣頂煞者不可妄作

閃葬法

脈急而露氣頂煞犯其當頭垃屠戮之禍若龍眞局備則近身左右必有明堂十分端巧當就有堂一邊立穴然猶煞氣未盡宜以閃法葬之其法挨實處作一空壙不鋤寸土或更培土而與無脈處結井放棺兩壙並立稍開一尺而合家爲一更於穴右做出水星天輪形則逼身之煞自出而龍局之貴氣納矣此等穴格的主威權倘穴則閃而不以閃法葬之雖貴而難免於刑大抵閃之脈與吐之脈相似吐直受而閃傍竊故異名閃之機與吐之機不同吐以迎其吉閃以避其凶故異法

按坊本浮沈二法之首皆有似韻語非韻語八句實與全書各法通例不符此依訂本刪除爲

原形

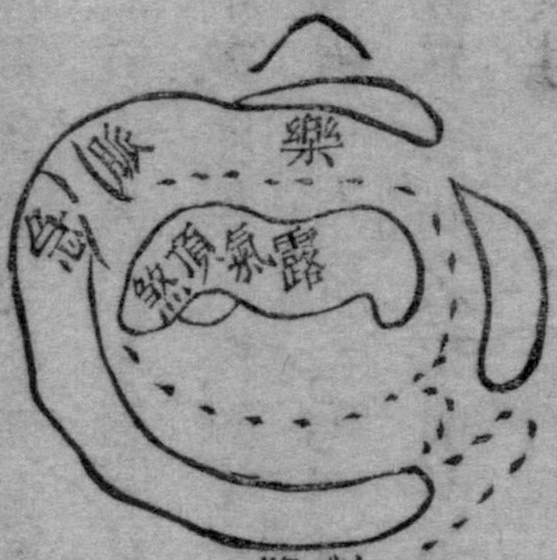

去對將

閃葬法

去對將

浮葬法

少陽之脈氣未深凝。乃天氣下降而成者也。然必借地氣之上升而後陽得陰吸而交通。今以少陽之體而得厚重之氣。則天氣降而地氣之升尚未和。不和則天氣便不與地交和

是按一句子原評謂空底以接其地氣之升寘棺於上以受其天氣之降誠有至理至拘牽卦體傅會一卦通八卦之訣則失之鑿矣

陽孤絶往往有龍眞局備而結少陽厚重之穴。本當弃世富貴而僅小發而絶者。蓋因此也。欲得陰吸之情。必引其上之氣。故以浮法葬之。其法深鑿金井。結空壙於底。而置棺於空壙之上。則地升之氣直與天降之氣相接矣。出人秀穎。少年騰達。動垂竹帛。

原形

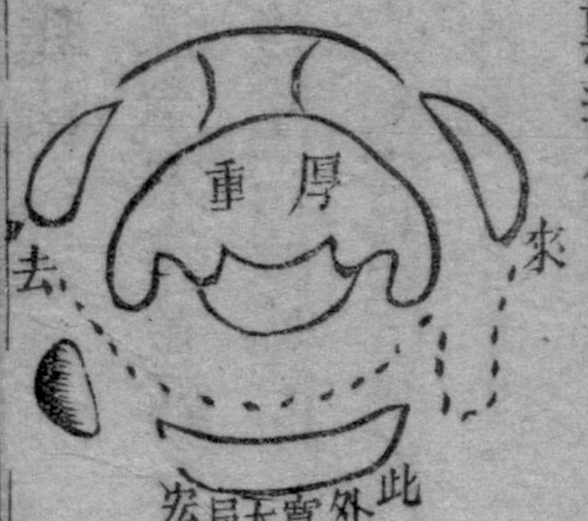

浮葬法

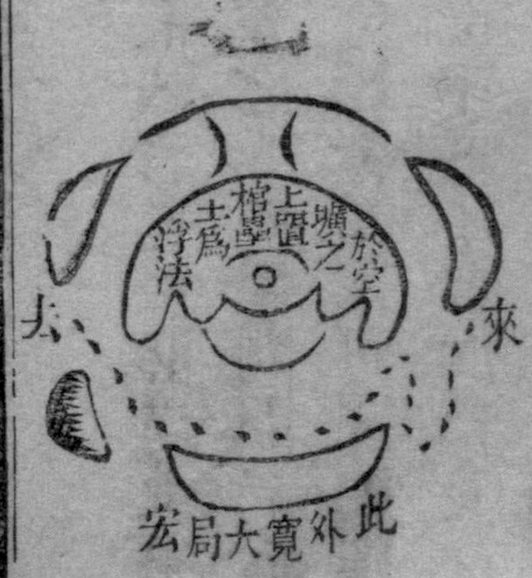

按接天之墳詢之俱係絕冢者

沈葬法

少陰之脈氣本深藏乃地氣上升而成者也然必借天氣之下降而後陰得陽噓而交通故少陰之脈多用闢開局面作深大冢空倘審諸四勢而又高厚完固則又不可闢闢則陷而凶矣若置棺於土皮之上則氣從下過小發而止竟深葬之則下之生氣不受天陽鬱結不得舒生氣變爲煞氣主生人顛沛而絕語云善葬者寧失之淺毋失之深正謂此種穴法也欲盡地之力量當以沈法葬之其法深鑿金井結壙置棺再加空壙於上實以納其地氣之升虛以接其天氣之降則生氣沖和而富貴得矣往往見接天之墳詢之俱係絕冢

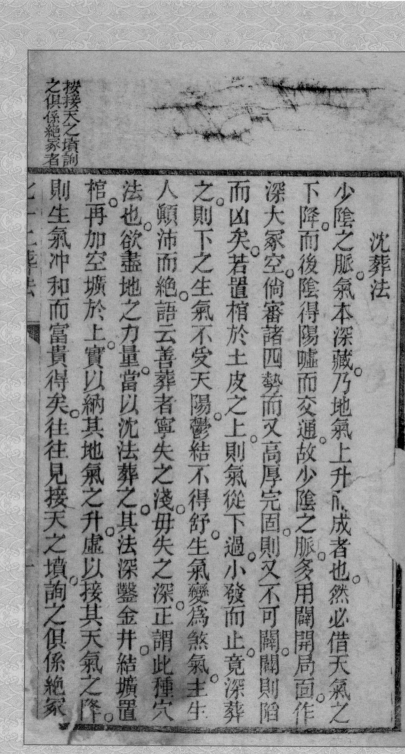

多以孤露受風失在形局不成不得概謂葬法不沈之咎也

按通之取義謂氣之歎滯者以法疏通之非謂氣之不到者亦

者葬之不得其法也。

原形

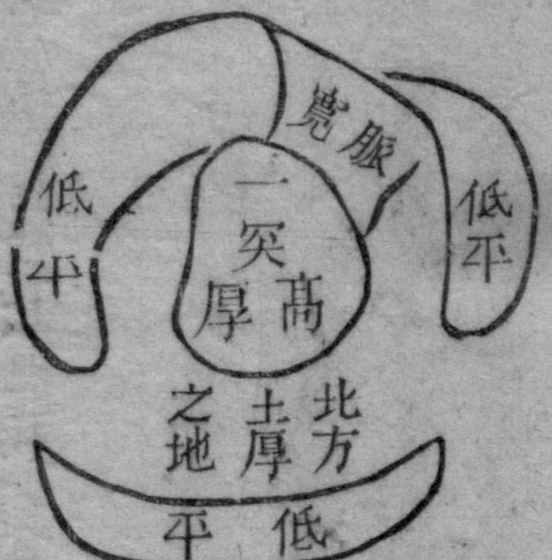

沈葬法

四圍均低於突故必沈葬取氣

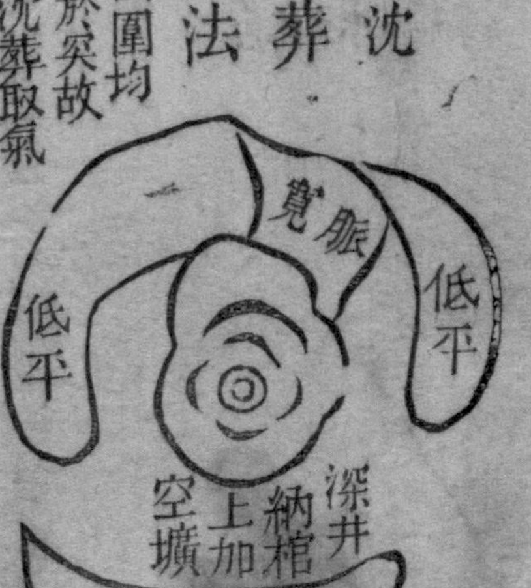

通葬法

入穴生氣粗大則歎滯而不靈動。雖龍虎元武與外之砂水甚秀甚貴。終出人粗蠢而不發富貴。當以通法葬之大開羅

可以此法通之也內氣既通外氣必與之應此理之有必然者

圈以半圈收棺半圈深鑿一洞用甎砌如其様以通其氣棺在左通其右棺在右通其左甚則左右俱通更甚則通其後通者使欝滯之氣流行通明也法與閃相似而閃以避其煞通以行其氣理與吐相似而吐用於氣之直通用其入之斜

原形

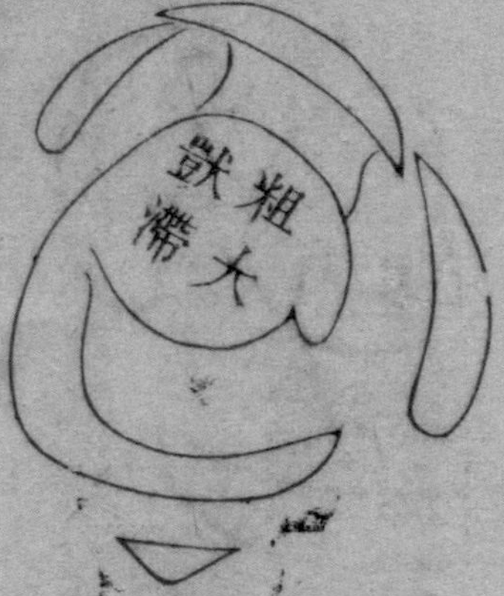

通葬法

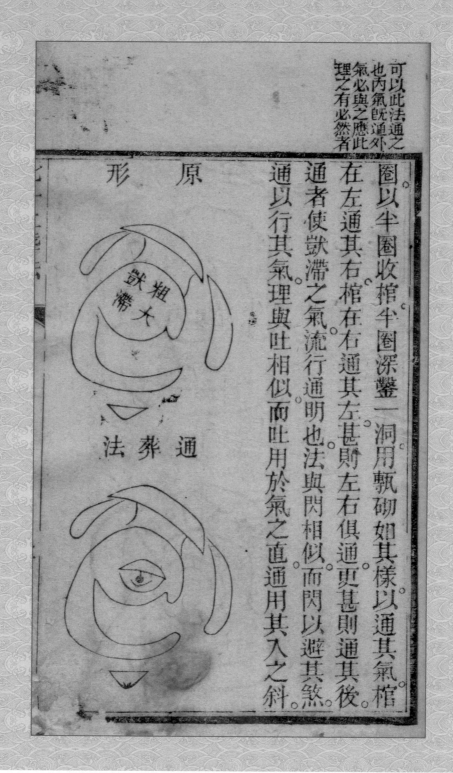

鋤葬法

有等大龍接行入首跌斷特起成極高星辰。力上聚而不開口。其後龍未滿。恐地氣難由下而升。上只有天氣下降而已。淺葬地氣不得接。深葬天氣不得納。若鬬其頂而葬之則造化以來所凝之靈氣盡去之矣。甚為可惜。且四山雖拱衛而稍遠闊。則天氣一散。不能頓聚。初年必陷陰結之煞。故當以鋤法葬之。其法於山頭受穴處大開其井而納壙。置棺於平鋪樹木之上。壅土成墳。山頂如舊。其井之深。度至嫩石而止。將難朽之木橫直層鋪。填平大井。葬後日久。木漸朽爛。則冢與棺漸陷。漸鋤去之。初年納天氣。而地氣未嘗不升。其後得

按此個是初葬受大氣葬久受地氣之善法惟恐場陷時間子孫疎虞不即鋤去四圍浮土而天雨浸下其患又有不堪言者耳

地氣而天氣亦能結而不散形喝照天蠟燭。

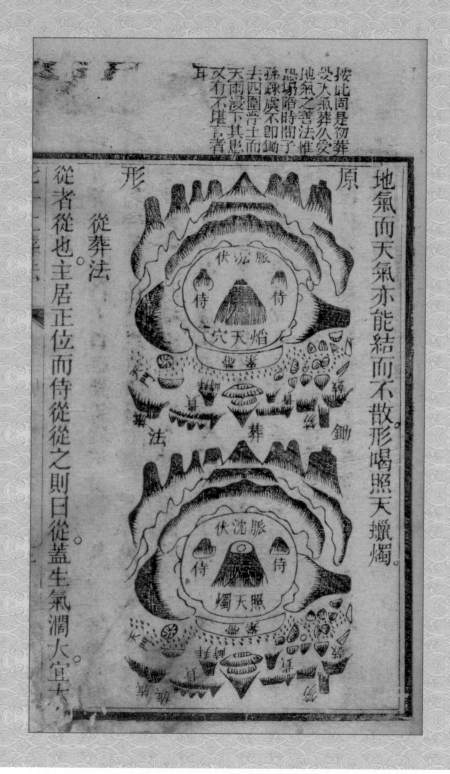

原形

從葬法。

從者從也主居正位而侍從從之則曰從。蓋生氣凋大宜大按正棺葬於穴之的處已將靈氣奪總而左右背後之從葬一並等於零已法謂從棺得氣則正棺之氣愈旺殊不可解有謂一冢入數棺比於信從者衆有生氣自遠方來之應亦傅會之不經者然則此法亦姑存以備一說而已矣

葬以收其氣若徒大其圈冢而放棺不多則天靈之氣乃凝於冢而不入於棺終不發福且多阻滯故以從法葬之其法大造羅圈將正棺葬於穴之的處而左右背後多葬無用之棺以從之從棺得氣則正棺之氣愈旺矣

原形

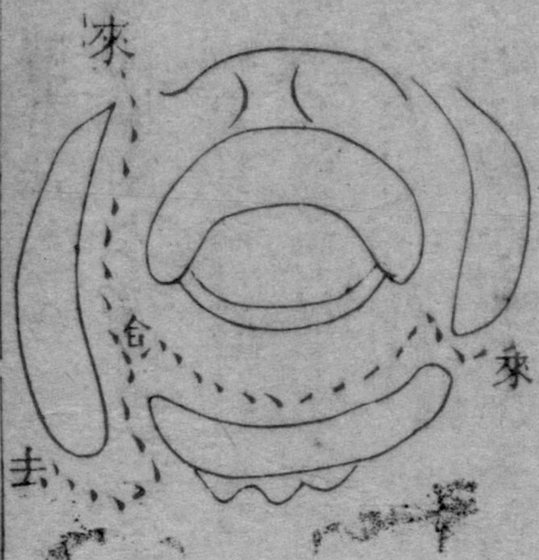

從葬法

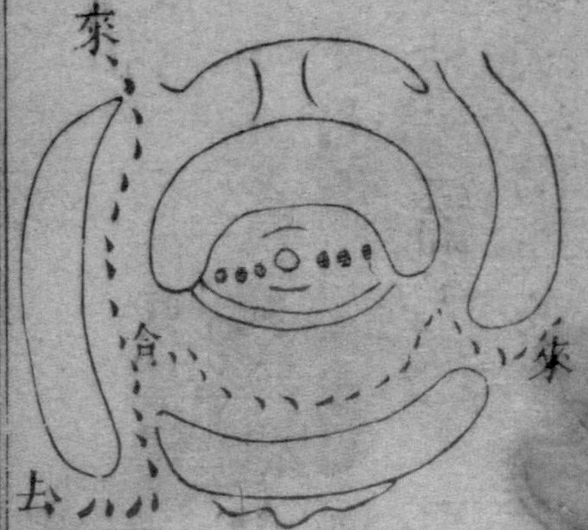

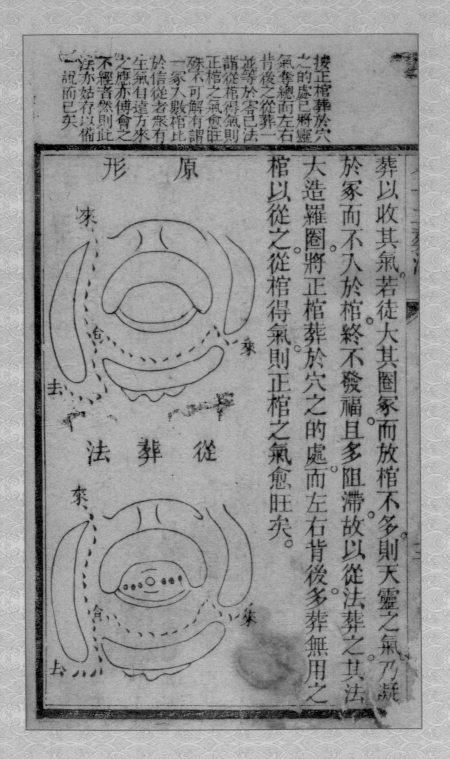

按隧葬古之貴制也春秋時代晉文公請隧已爲周襄王所不能許秦漢以來亦惟天子諸王得用之雖有隧法恐普通亦無實現之能力也且非北條土厚之地不克施工若在南地雖不嫌乎僭禮亦無可以隧葬者

隧葬法

龍氣深厚濶大淺則犯陽流之煞。深葬而井小犯陰結之煞。皆主凶。當以隧法葬之。其法大開金井深數丈造一屋於下。中具兩石橙。蓋石平而棺置於上。理與通相似。而通則淺小。隧則深大。法與懸略同。而懸則幽於地上。隧則入於地中。江北平岡。土厚水深。氣沈脈大。多用隧法。江南則萬中之一耳。

原形

隧葬法

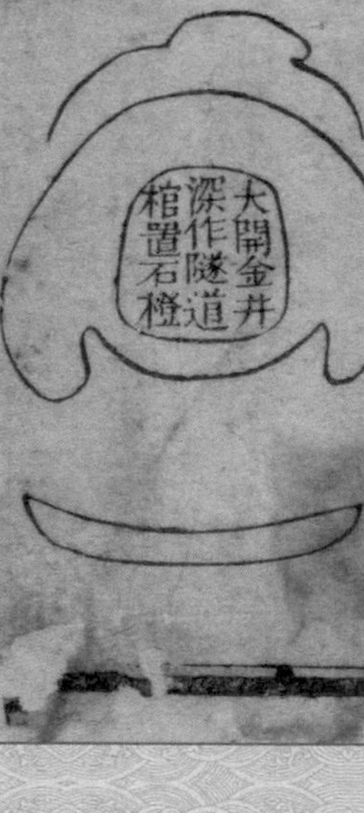

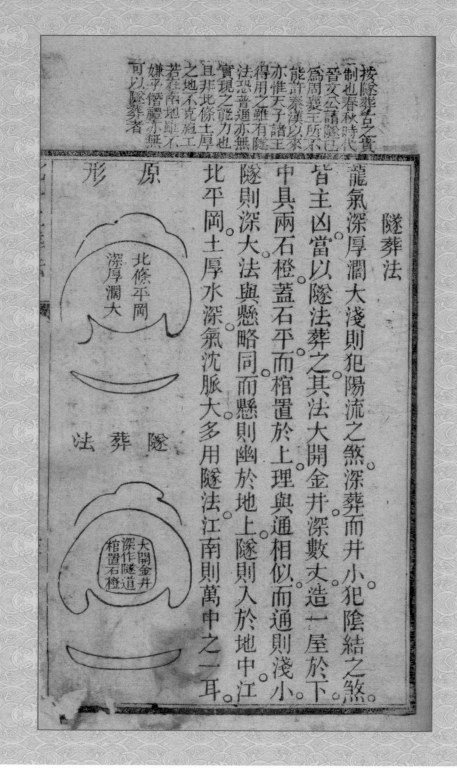

按騎龍多假局而倒騎之眞者尤不易覓不得形完氣足之場輒以倒法試巧未有不致人爲地害者也

倒葬法

倒騎龍湧泉受氣則穴居回脊形體固是平夷而質性尙屬直硬無法以葬之一發便瘟火而絕法當脚後與兩旁棺底俱砌一空壙以冲和其氣此穴當回脊之法也然稍有偏勝有止虛一壙於貼脈處掛鈎之結不當以倒騎論

原形

倒葬法

穴後黑點處作空壙

按龍脈飽旺雄實之地有前葬數冢歷見敗絕而後來人反有一葬卽發者亦以初葬洩煞故也然元運亦有後先須互相考察爲要

洩葬法

龍脈飽旺雄實。葬後多生瘟火。須以洩法葬之。其法先葬假棺。歷久抽出。以洩其氣。甚者再抽一次二次三次。然後葬眞骨。始無凶禍。而求簡便法。將牛骨入壙中。初次牛骨黑如赤漆。二次如灰白色。三次漸有紅潤色。方可葬眞骨。

原形

洩葬法

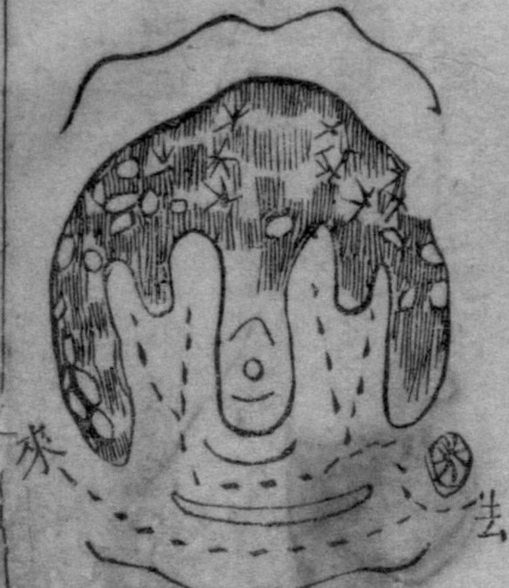

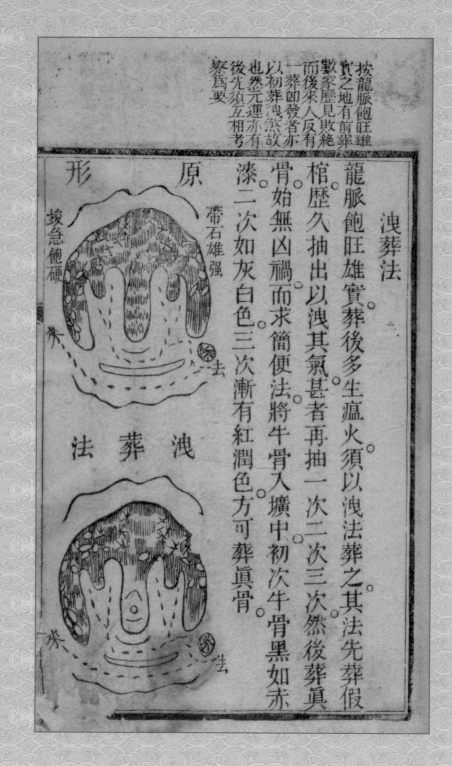

懸葬法

來龍出身甚貴入首星辰挺拔清秀龍虎曲抱有情外局下水交山會其爲眞氣之聚無疑及觀其穴所上則嵯峩陡峻下則石尾鎗頭吐葬立傷人口大凶閃葬則明堂不納靈氣不聚冷退絕丁當以懸法葬之其法將石尾鎗頭石塊盡行打去以美土培作平基厚薄相其形勢而造壙石屋於平基之上棺用銅鍊懸掛於中六合俱懸空而不着實外封土成墳則陰煞僅侵石縫下脚而不及於棺天陽之氣得納而富貴得矣蓋純陰之穴純是砂石每逢天雨則水從砂裏石縫中溜出所謂煞也懸則水不侵棺而煞出矣故有龍眞穴的

按此懸葬之法全用人工補成倘後龍不眞妥就假門面作去誤人極矣

而穴場是細砂者亦用懸法以避水也。懸與虛相似而所施不同。虛施於入穴之純陽而懸施於入穴之純陰。故用虛者無礙於用懸而用懸者斷不可用虛。懸以避水虛以注氣。苟不細究其立法之義安能動收其用法之功。

原形

懸葬法

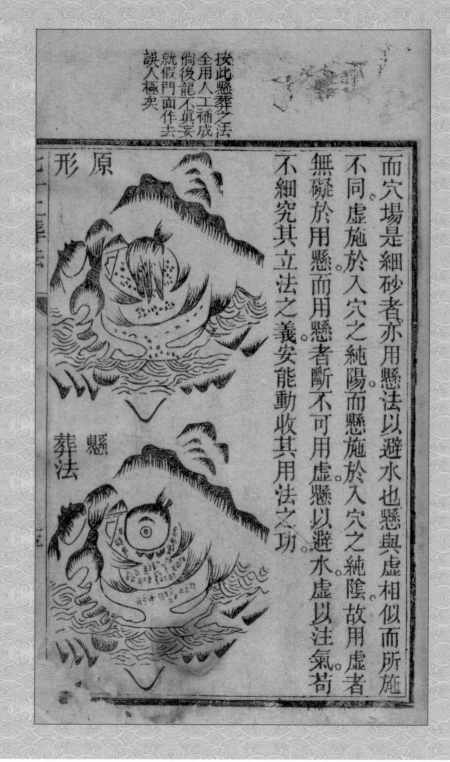

按氣穴影穴須確有把握始可下之否則徒見陽平濶大雖盡力虛法亦終無益而有損耳

虛葬法

有等峻極星辰鋪出一塊大坪靈神瀰漫覺無棲止而界水分明元辰交合却得龍眞局備此是以太陰體變太陽乃孽天勳業之地其穴固在水交之上而葬之却受蟻水之害者以無配偶故也蓋太陽之結地氣絕無全是天氣之聚故名氣穴影穴然一陰一陽之謂道天下豈有無婦而夫名者乎故必開一大井淺深相其形勢而結一大壙高丈許廣數丈再作小壙於中以置棺而上下前後左右俱虛使地氣之上升者得有所納則天氣自凝而交媾成矣

原形

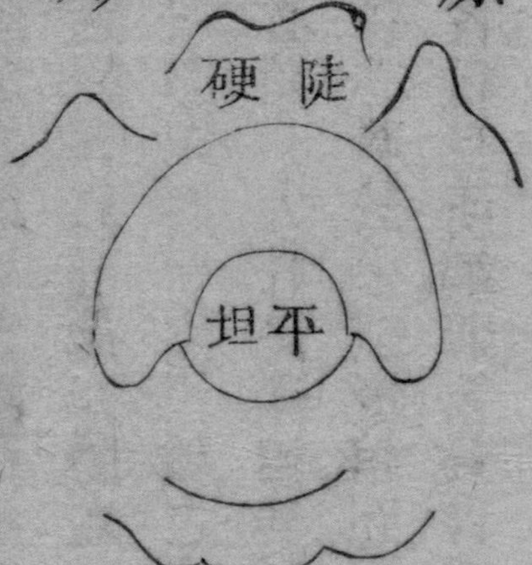

虛葬法

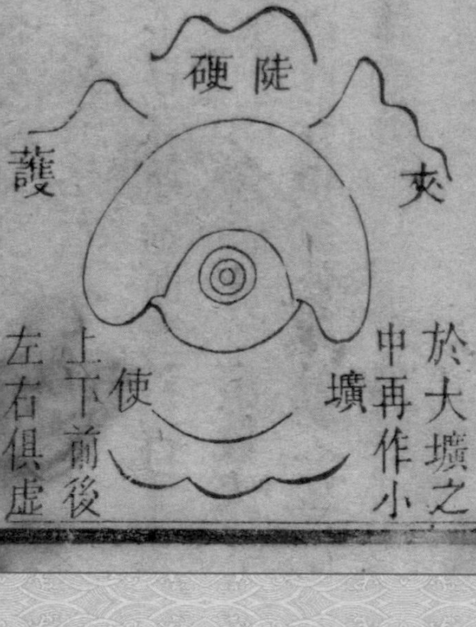

第四章。審諸穴場之生死。而用法者凡十一。生氣之乘法多端。而承棺之八尺最切。蓋此八尺乃造化之所凝而以骨乘之者也。其乘也固無方體之可擬。而要

按男骨勝於女骨一語非也返氣納骨鬼福及人之理蓋假祖宗遺骨播傳山川靈氣蔭及子孫以今無線電機爲喻其理明白易曉男女之骨等耳重男輕女其理安在

不出星辰五行之性。與體段之質。以察其剛柔厚薄之情。使八尺之棺居於生氣之處自然生人受蔭。

頂葬法

倒地木星。鍬皮穴也。木體渾身是硬。便渾身是死。若是眞龍。背面分明。其開面一邊有木皮拖出形如魚腹樣正百死中之一生也。若單葬一棺上下猶自有餘。正葬兩棺左右便見不足。故以頂法葬之。其法就生氣鑿一長井兩棺一直而葬頂者下棺之頭。頂上棺之脚也。須陽在下而陰在上。陽作家而陰藏形。蓋天氣重於地氣。男骨勝於女骨。故也更有橫受側皮或棺脚相攻。棺頭相頂。俱看生氣定之一勺子原評云生氣在一線之中俱用頂葬法固不僅一倒地木爲然也但倒地木於直硬之中得百死一生之穴亦有不能作頂葬者隨地取裁因時制宜可也

按生氣嫩小之地乘之必難一棺足矣必强下兩棺以沿法作之總嫌有礙而合冢以受堂局有至理也立碑不生關係

原形

頂葬法

沿葬法

倒地木星形體固已嫩小而生氣仍如轉皮則穴在夾堅夾軟之處氣聚無多正葬止一棺如置兩棺便有偏枯故以沿法葬之沿者循其氣而依之也其法將棺鍼變更參差以接生氣外則合冢立碑以受堂局出人清秀聰明少年發達若

失其法。難免瘋疲痼疾孤寡僧道之患

原形

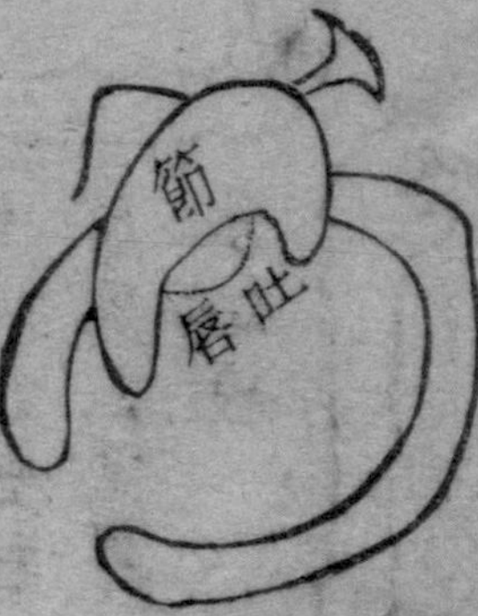

沿葬法

坡葬法

有等平陽體。濶大瀰漫。如鋪毡展席之式。大則數百畝。次則百餘畝。小亦數十畝。四圍俱是界水蟠繞。此是平坡穴也。當認掌心窩中。但形體散漫。其的處非目力所能測。法於夏秋之候。用粗糠徧洒於地。經雨之後。看糠聚處。聚非一處。以得

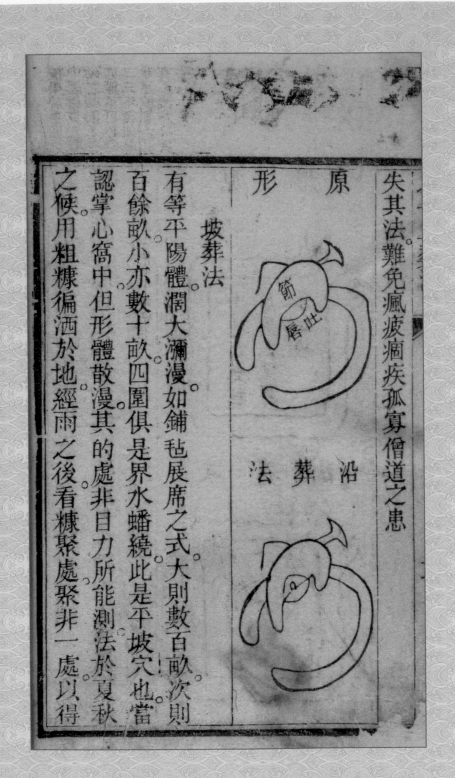

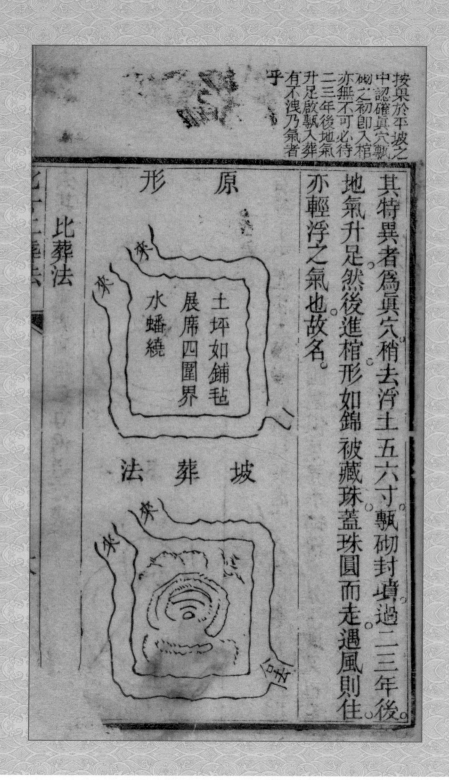

按巢於平坡之中認確眞穴䡠砌之初卽入棺亦無不可必待二三年後地氣升足啟䡠入葬有不洩乃氣者乎

其特異者。爲眞穴。稍去浮土五六寸。䡠砌封墳。過二三年後。地氣升足。然後進棺。形如錦被藏珠。蓋珠圓而走。遇風則住。亦輕浮之氣也。故名。

原形

坡葬法

比葬法

按氣之偏者主發偏生之子此說必驗亦有驗於分房者此造化之定理也外驗形局亦然

有等窩穴。堂氣中正而生氣止得一邊。正葬則犯冷而偏葬又堂局不合。棺內又無生氣。故以比法葬之。比偏黨也。法將滿向作圈。而置棺於有生氣處。其死氣處砌一空壙。較眞壙深尺許。外則合冢以接堂氣。發福極快。但富貴人俱主偏生。

原形

比葬法

佩葬法

入穴處必邊厚邊薄。然後有生死動靜之分。而棄死接生之

按王社稷名臣神靈血食之說當視形局定之不得謂但作佩法即有此應也

法始得行焉。當脊。必受煞。也。乃有龍眞局備。而入穴却是中脊平分。略無偏勝之勢。而體又窄小。非傍脊結兩穴之格。故以佩法葬之。其法於中脊作大渾圈。而置棺於圈之兩邊。將中脊空。中而結空壙於土皮之上。合冢成墳。以統堂局。主産社稷名臣。神靈血食。苟失其法。消鋒不免矣。佩即佩玉。佩帶之佩。垂於兩旁。亦淺露而不深藏之意。

原形

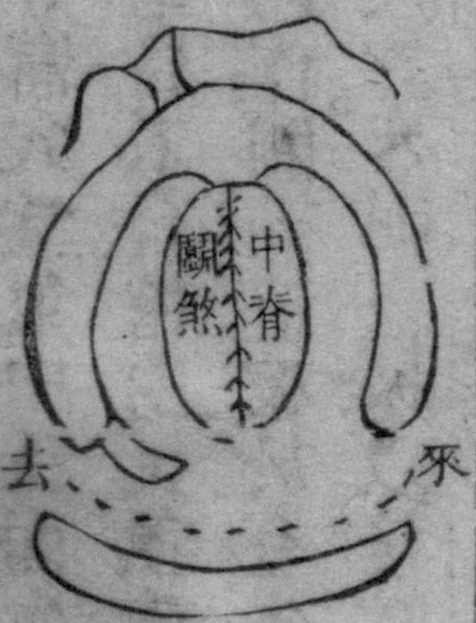

佩葬法

若堂氣偏於一邊作單佩亦可

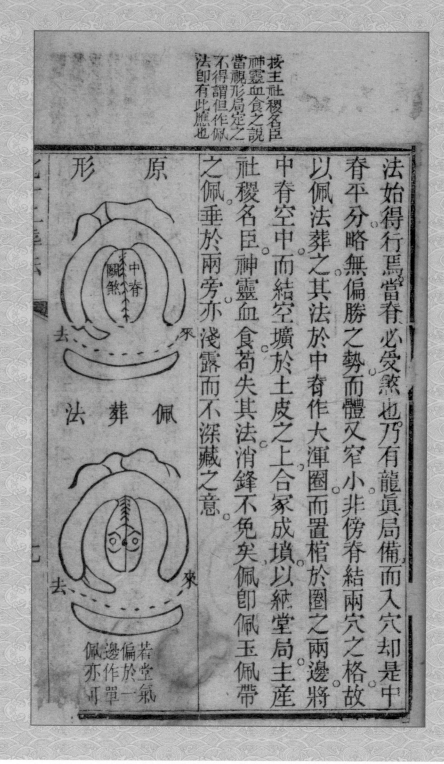

按橫斜二法亦必局正乃眞若無天然對將而任意以爲橫斜與棄屍何異自來地法失傳橫殯斜埋觸處皆是愼勿傳會以亂吾道

橫葬法 附斜葬法

橫者以腰受氣之穴也。橫龍貼脊。故橫放其棺橫騎龍當脊亦然。眠體斬旺氣濶亦然。

原形

橫葬法

又曰穴塲窄小直葬則上下難容。生氣稍斜故放棺亦斜若直其壙。或橫放其棺不用斜法非首受煞則足就冷矣。

按窩穴之中槽爲死者以兩邊界水從中走故也以析法濩煞至理幽玄生氣必驗乃一勺子

稍濶又可以横法爲之。

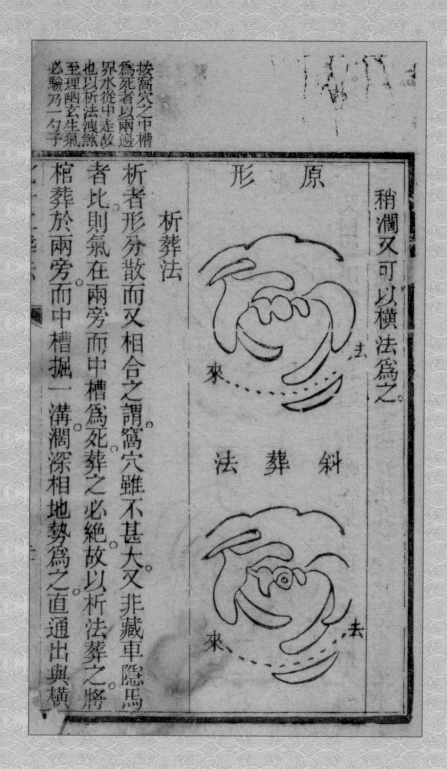

原形

斜葬法

析葬法

析者形分散而又相合之謂。窩穴雖不甚大。又非藏車隱馬者比。則氣在兩旁而中槽爲死。葬之必絕。故以析法葬之。將棺葬於兩旁而中槽掘一溝濶深相地勢爲之直通出與横

原評謂窩中有泉竅滲流者亦用析法窩中至有泉竅決非地矣而法又何爲

池相接。而以粗砂和灰塡實後用石板蓋面結空壙於上。使陰煞從溝中滲出則生氣旺矣。中空者借天陽之光以潰陰暗之煞也。

原形

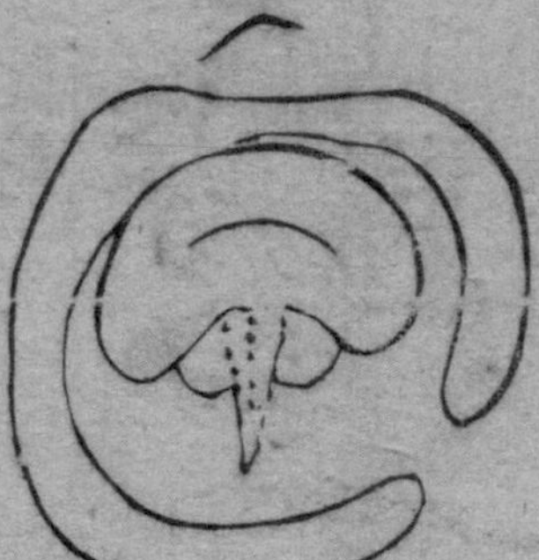

析葬法

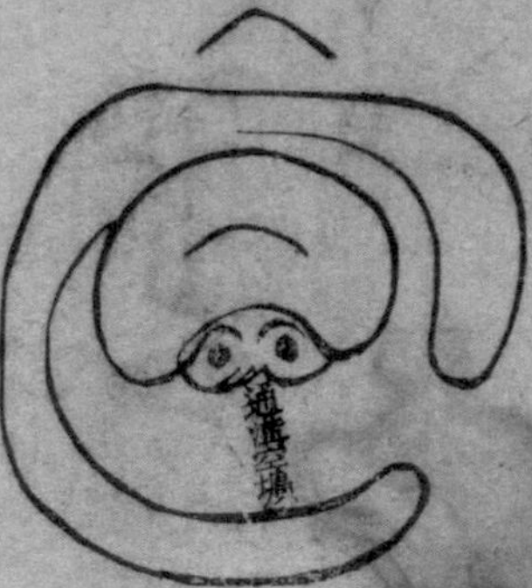

立葬法

此葬石壁穴之法。大貴之龍。遙奔江湖之邊。有面開石壁難按此於陡立石壁之上覓土縫而葬之非得來龍真確對將分明勿得強作下棺直立一說尤不可爲訓棺之長也寧有可以直立而葬者乎用瓶盛骨之葬亦不得傅會以爲立葬也

容立足者其中有土縫吞啣借倚各葬但不得故以立法葬之立者棺直立也形喝橫壁飛蛾闘越陡山高崖用瓶盛骨而葬亦即此意

原形

立葬法

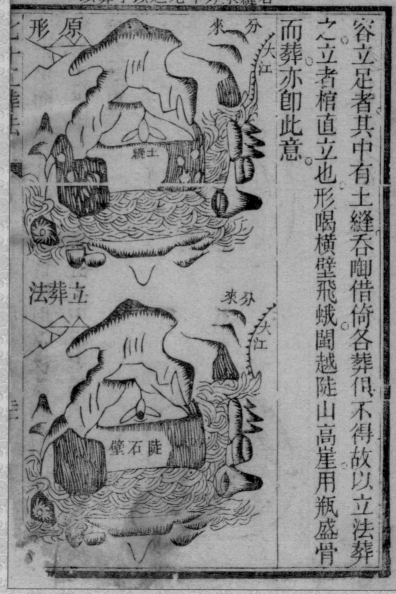

按此法於萬無穴情之地挖去亂堆開出小明堂使參形雜勢之煞一掃而空純是人力相天倘龍氣不眞用之必無益也

併葬法

拋地直珠固衆大葬特小衆小葬特大或三台葬口或兩穴葬頸然有等怪穴大小不可據口頸無足憑當用併法葬之其法將中堂交處立標上山認定靈氣以立穴將穴前亂堆挖去更開出一小明堂與前之中堂相應穴後將客土堆一大頂兩脚抱穴如天輪影樣則參形雜勢之煞出而金水之清不淆矣但遇此等怪穴須細心揣摸萬無穴情方用此法不然佳地損於彫琢豈非造化罪人

原形

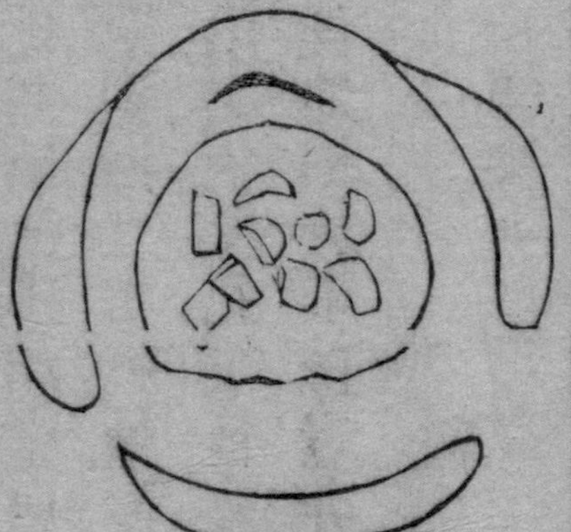

併葬法

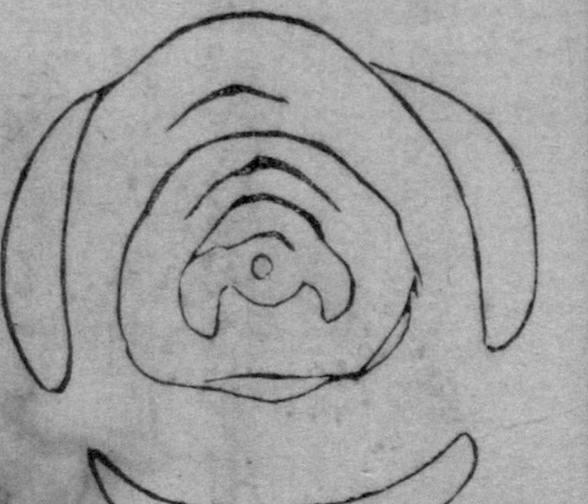

寄葬法

寄者托也即寄物寄居之寄大幹融結件件貴徵而穴場却是一石洞寒冬入洞煖如火燠法當置棺洞內而以吉土封洞門內不作壙外不作冢如寄跡然故曰寄葬

按大幹山中有天然石洞據地質學考之是由石灰岩被地下水之浸蝕融化而成者否則出自人鑿雖有貴徵可以證穴之地亦當審慎

原形

寄葬法

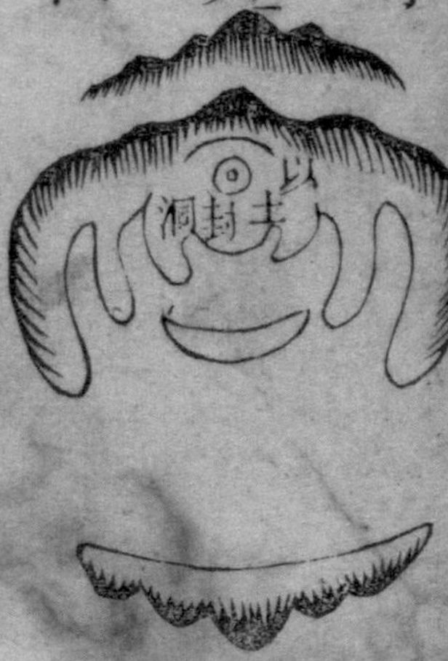

奇葬法

來龍入格元武正直左右龍虎明堂界水分合件件合法乃落穴之處是一潭水名為天池穴法當葬於潭中不用磚砌不用土培得氣則水自乾而變為陸地矣此等大地世固稀有亦所罕葬而發富貴極速

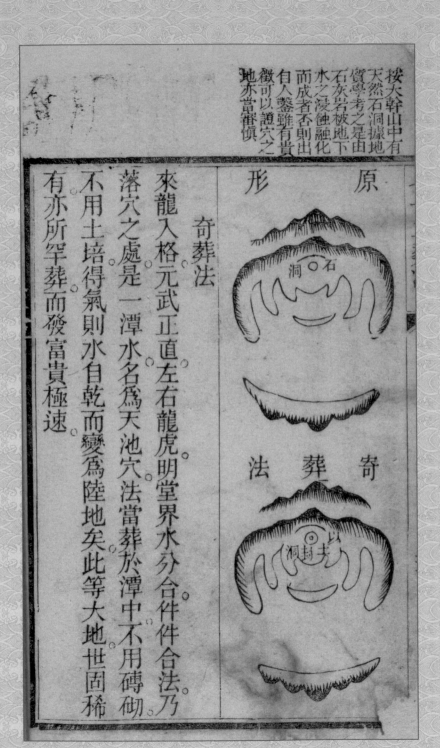

按此奇葬奇之至矣雖深知龍穴之眞亦不可葬世有忍心害理之徒妄希富貴輒謂某某水中結有大地不惜以親骸投之實由此法階之厲也

原形　大江大湖之畔

奇葬法

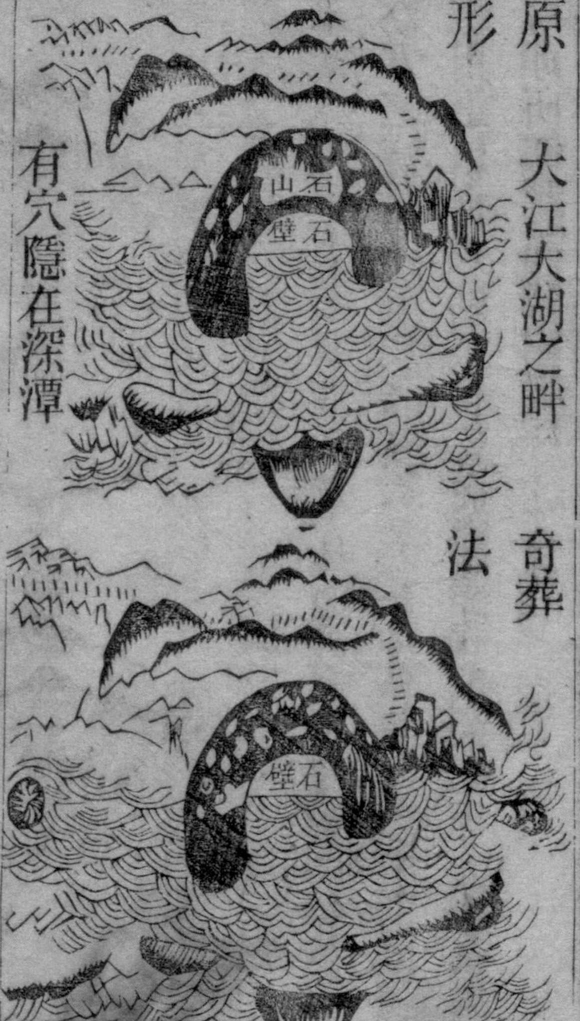

有穴隱在深潭

第五章　納星辰之秀而用法者凡四。

氣之有無審諸勢山與水交不交也氣之美惡貴賤審諸

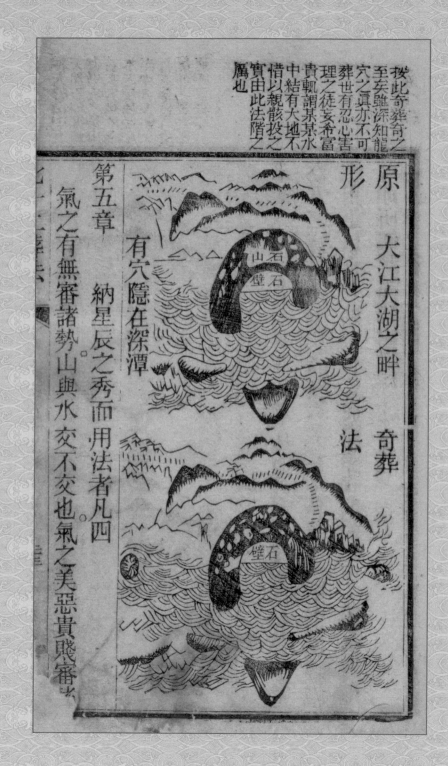

一勺子原評云無用用字有二解一是回應不翕必不可用一

形形貌之靈秀與粗濁也然靈秀與粗濁固有本之先
而後天無可挽者亦有先天藏其體必假後天以伸其用
者荆山之璞不有下和今亦頑石如故耳

破葬法

頭面星辰微有肩翅而不大開口或是巒石皮則難於下手
然審之四勢穴確在中故以破法葬之其法於受穴處用工
打開裁成大窩而葬其弦收山者必有佳土方眞收局者不
計其土色蓋此星辰含蓄靈秀於中爲重濁之質所蔽如玉
藏石中必破石而玉始見此非至貴之龍不能融聚倘巒鑿
無用之處則受禍最慘

是形勢已到時或未到亦不可用總屬纏繫

原形

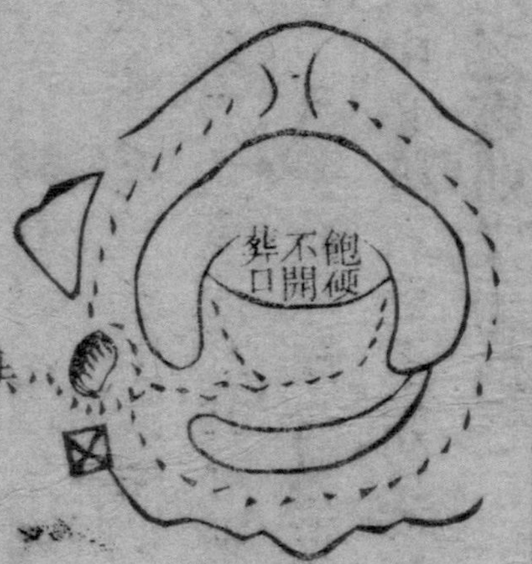

破葬法

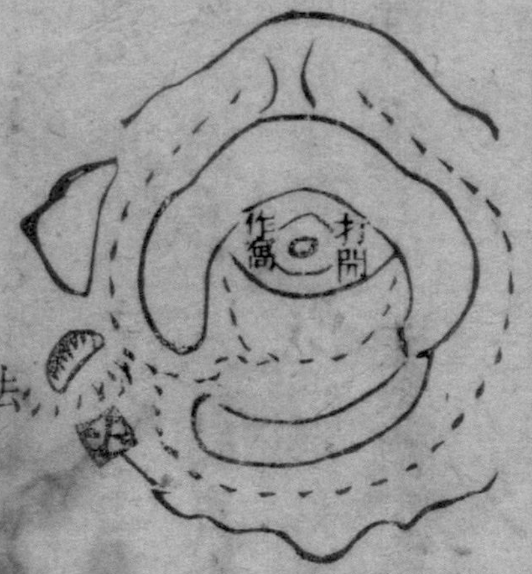

速葬法

頭尾穴抛在角大葬之法不可用何也穴在中則氣盛在旁則氣微大葬則生氣洩矣故用速法葬之速卽邀速之速實原有會主之意而主更速之使會也其法小開金井灰築式

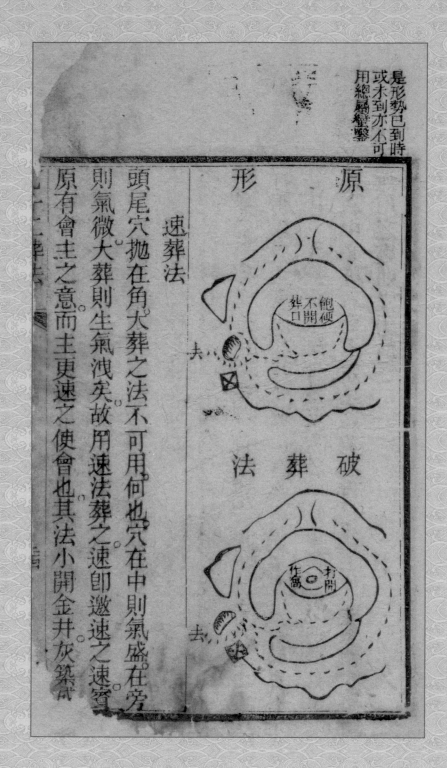

指有穴氣微過用人工恐見傷殘作圈放水之弊終不可犯但忌初年尚非定論

壙不用磚砌。初年不宜放水。及至得氣之後。始可放水。亦須淺溝小圈爲是。法與攢相似。而攢用於穴之陽。速用於穴之陰。攢以避風。速以納氣。故法同而名異也。初年不放水。以體不可傷也。增土作圈便非速法。

原形

速葬法

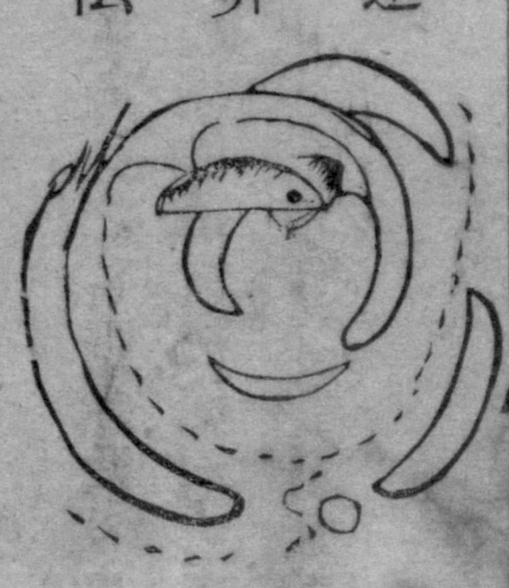

按此以氣浮土面不動寸土始爲合法亦足以見必掘客土之爲妄傳矣但穴既浮葬非得四圍砂水環顧則生氣散於飄風必不可下

載葬法

載者負也寓也如舟載物之義。有等葩艷之質。靈光散露於外。不可鋤掘寸土。如倒地木星。微起節泡。而穴於節泡之下。者又如天財微窩而窩心藏穴。者俱不動寸土。不用磚砌封土成壙。得法則發福大而且久。

原形

載葬法

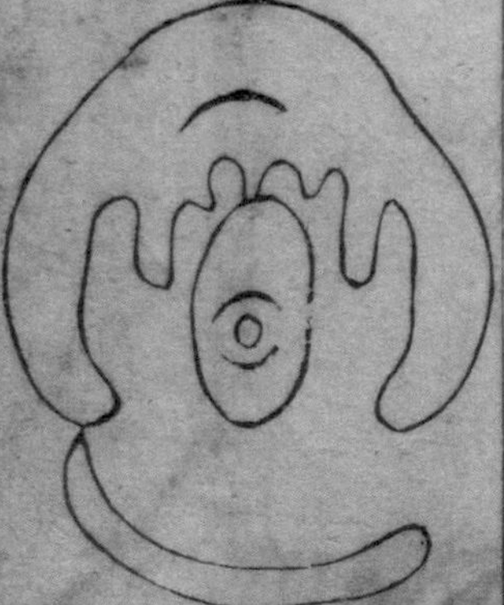

按龍虎內堂俱濶大寬厚而穴基反見窄小者是不足以配四應有賓强主弱之弊肥葬作法須視四應爲標準若無力救正舍之可也

肥葬法

元武。龍虎內堂俱濶大寬厚。而穴基窄小。落頭細瘦。無法以葬之。則小發而絕。當以肥法作之。肥者厚重其落頭。廣增其穴基也。

原形

肥葬法

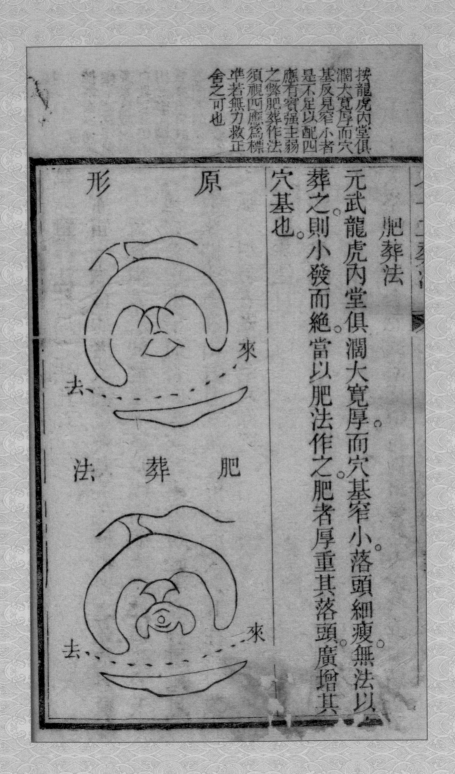

按俗術以頂脈硬下認爲得氣多數絕滅尚不自覺其非但不得元空交媾之旨亦未有敢側下而不頂脈者也至深葬煖如火燠之理當以地心熱力爲正解徒曰日月五星之照臨猶不足以盡地質之本量也

第六章　葬局之法凡五

宇宙一太極天者大圈也統體一太極也地之一物各具一太極與天之統體一太極交則有氣人之葬也葬於天地之交中則一氣合之矣深葬小鑿煖如火燠豈眞地氣有來路乎蓋亦由日月五星之照臨而聚之耳往見以頂脈爲得氣者盡爲絕冢可笑

培葬法

平洋培葬陽來陰受之義也使之隆然而起愈高愈妙誠以掘寸則寸水掘尺則尺水勢不得不培乃有山龍之穴來龍入格砂水會合元武龍虎俱特異可愛只入穴之處渾是

按俗術輒言穴之眞者必有坣土可掘試以此培土法質之自當語塞至謂其水仍在庄下流去其氣在庄上透入二語作法驚人恐非眞仙不敢以此弄險又架葬平葬漏葬各法亦然

平。窨中氣起在何處。將竹竿立定。看水漲水落。有多少高低。便於氣起之處立穴。與落水相平。心上蓋石板於上。培土較水漲更高數尺。作壙安棺。壘土成墳。其水仍在庄下流去。其氣在庄上透入。俗呼明珠出海。

原形

山龍培葬法

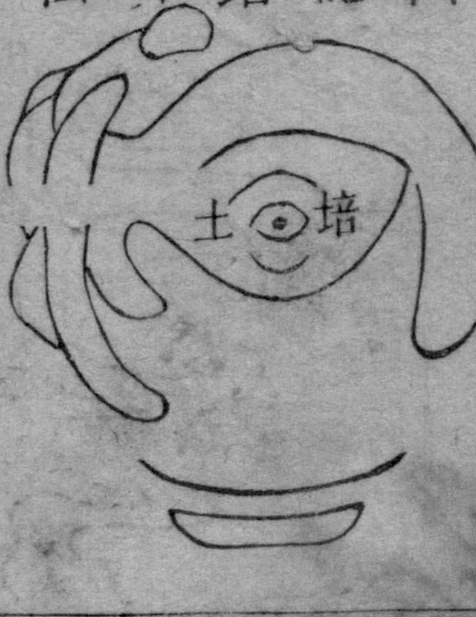

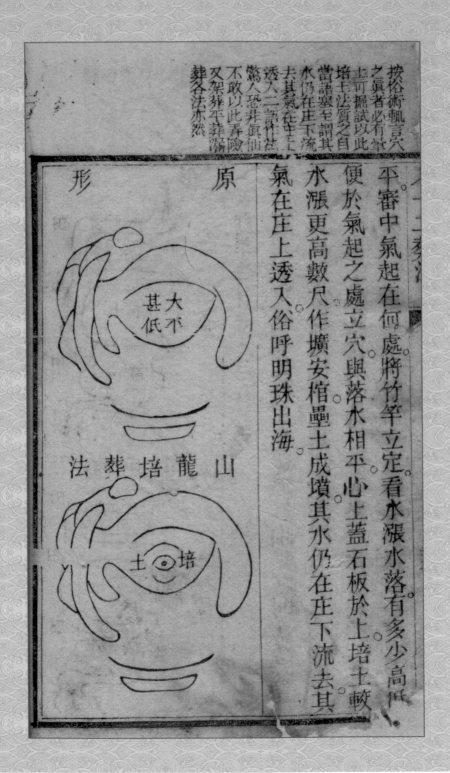

原形

平洋培葬法

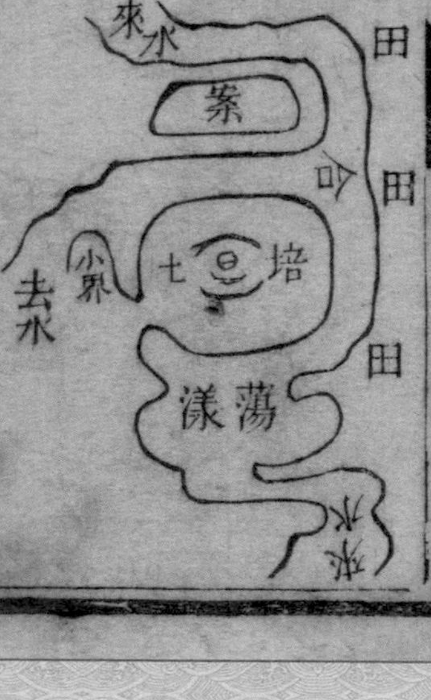

實葬法

有等寬大空窩絕無弦稜此是純陽無陰葬之則爲蟻窩若果龍眞局備當以實法葬之其法鋤去浮土二三尺將佳土堆成一泡上具化生腦下具唇毡則界合分明矣然不可隨堆隨葬以初堆之土未堅仍有水無氣也實者本虛窩而施

按此以實法救空窩實則氣聚而不空矣理頗平正亦易施工但來龍不眞外局不固實之亦無益耳

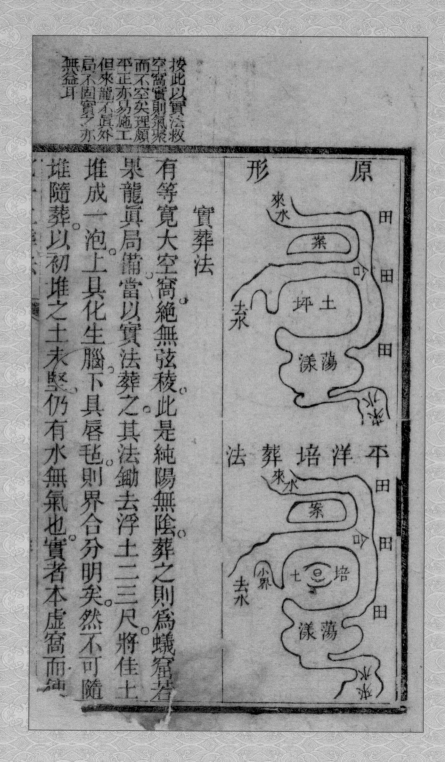

按高山石窟四時流水不斷必[illegible]面四應[illegible]葬亦非

之實也理與借相似借用於陰之峻實用於陽之夷借以補陽實以補陰故施工之有異也

原形

實葬法

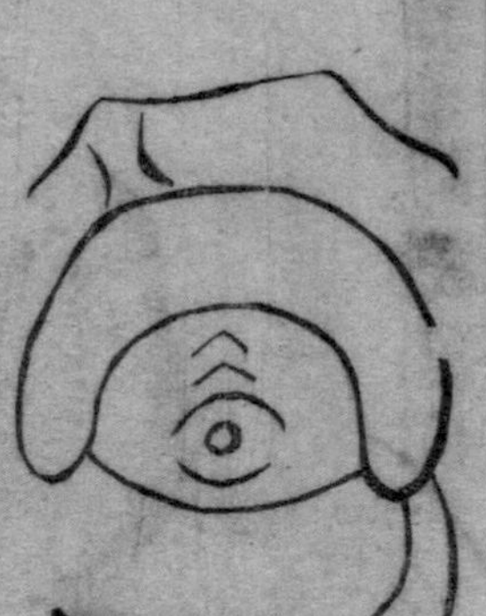

架葬法

上聚之穴高山深窩却是石窟四時流水不斷當以架法葬之法於石窟弦旁立石柱築石牆以石板蓋之前開一竅令水流出置棺石板之上壘土成墳

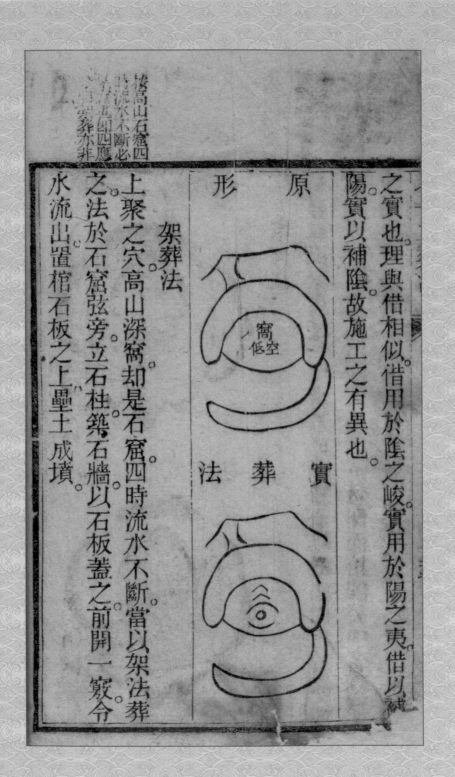

按攢葬與攢基有別攢基是一時未得葬地暫就土皮安置故通書有啟攢吉日此攢葬則學

原形

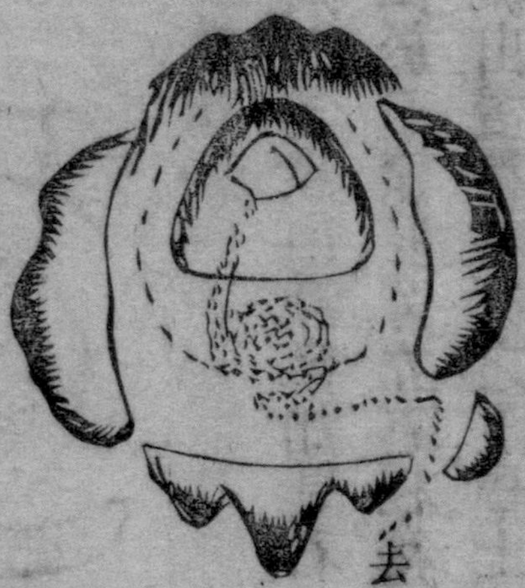

架葬法

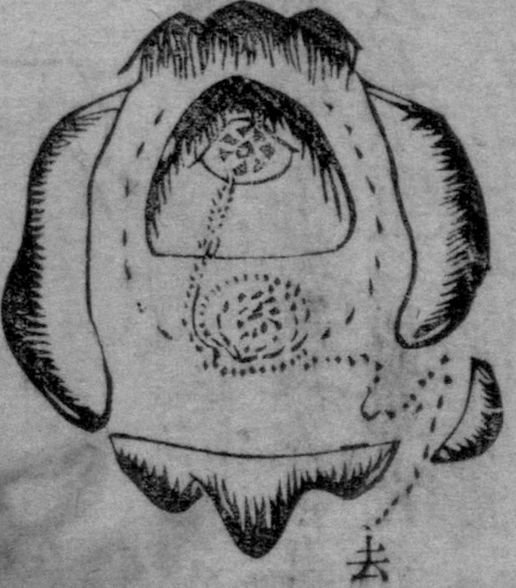

攢葬法

局甚佳而聚處是一深窩不可埋葬須以攢法作之於深窩處培一深高之基造一石屋門可啟閉而棺閣於中名爲亭堂加土封墳免生災禍而絕

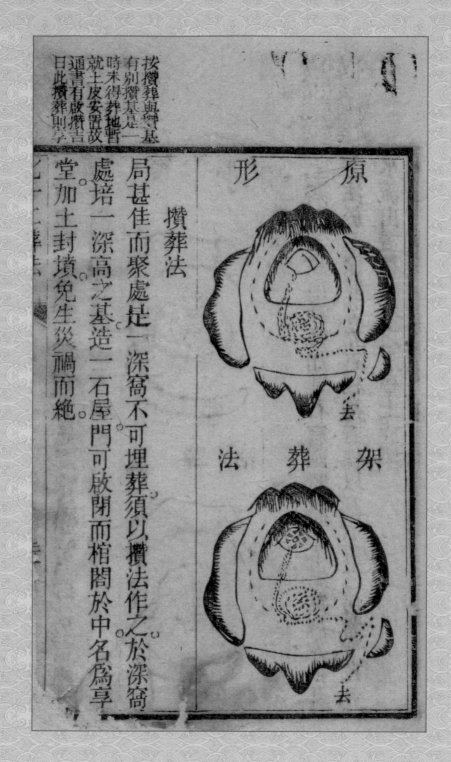

堂封土有水也不遷之意矣今俗於土淺之地概以攢基作之亦與此攢葬有別讀孟氏攢基辨可知

按藉之爲道無一而非借也借穴星以收堂局不過借之一分子耳余謂借天光以神地運借地力以顯天功惟作此說始足

原形

攢葬法

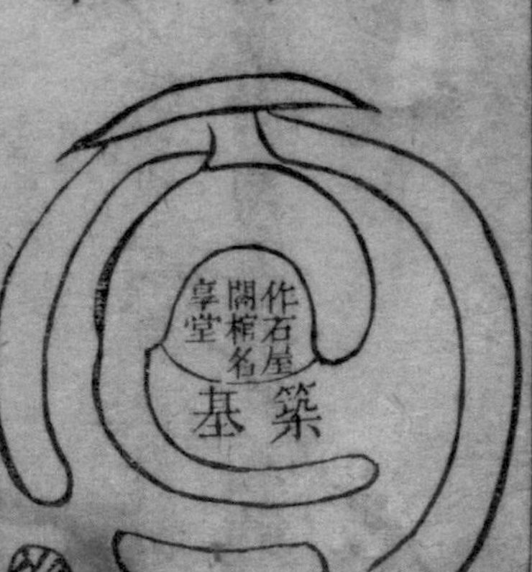

借葬法

龍虎砂水俱貴。而元武峻高無受穴處。立穴於山上則陡立。穴於山下則濕。故以借法葬之。法於受穴處築成濶大平基。而葬於平基之上。借者借穴星以收堂局也。堂局有借在收襟之局發稍緩。以順局也。而泥漿之穴力更大。以低處也。

以盡借字之妙用

按避水是葬事第一要着凡葬皆然固不僅此三法也嘗見有地之葬人工疎處大雨而水從外滲入者積深致有翻棺之變而無地之葬人工完善者年久啟遷雖無生氣亦却沒有水濕之爲害也

原形

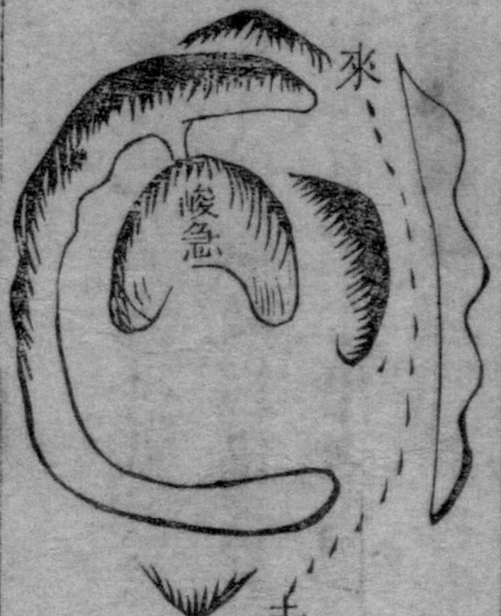

借葬法

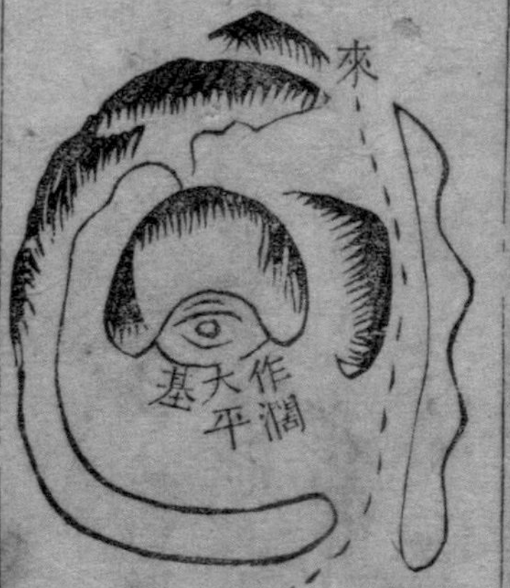

第七章　避水之法凡三

葬必求穴中生氣。而氣與水不同途。有水則無氣。有氣則無水。故有龍眞局備而穴場是水窟者。苟不避其水。氣何能納。若能避其水。何患不納氣。

合葬法

扦葬半月形須取近上弦日作之而近下弦日未必即不可取前人不取下弦者惡其漸消故也余謂能據地平經緯取到半月眞光下臨下弦亦與上弦等耳不明實測雖近上弦亦等於零矣

有穴場住水中每月水中有氣冲透月宮然水面一望無際又水深難葬故以合法葬之其法將土築起半月形於每月近上弦日擇吉葬之將天上半月合照水中培起半月共成一局發大富貴而悠久

平葬法

原形

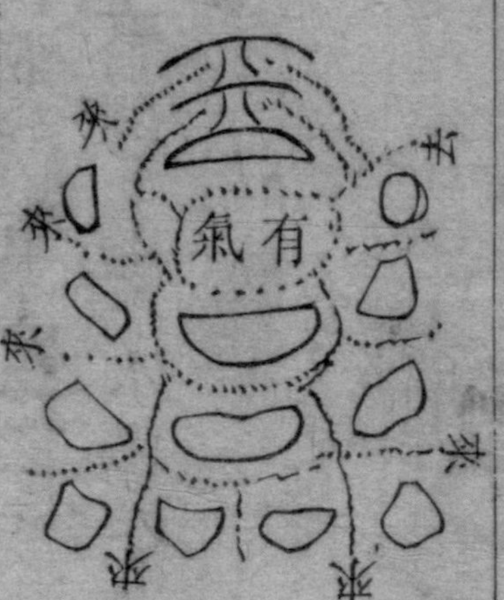

合葬法

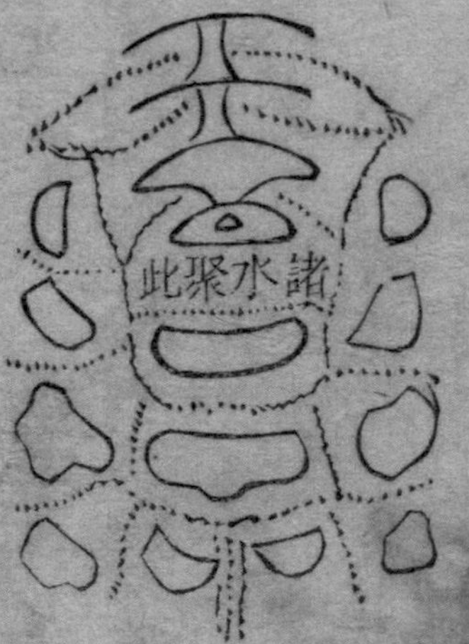

按用石柱開隙流水以氣與水本不同途一上一下兩不相妨固有至理存焉但作法亦云怪矣非知音人決不敢信

有山水會合而穴場住水中。四時氣透。將土培起。則氣便傍浮四散。故以平法葬之。量水作石牆。而以大石板蓋於石牆之上。前開一隙。令水仍流出。置棺石板之上。壘土成墳。立催富貴。

原形

平葬法

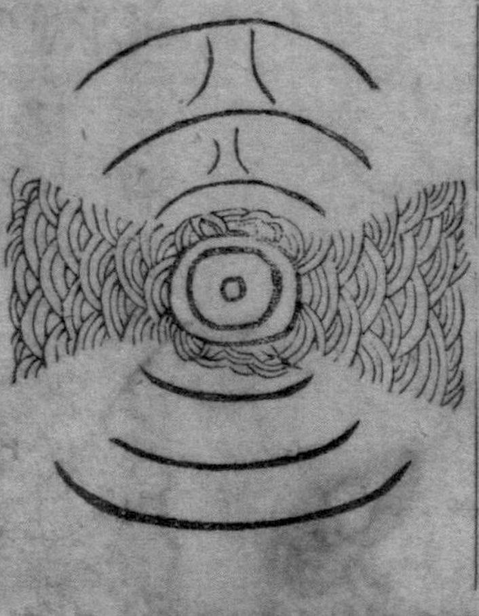

漏葬法

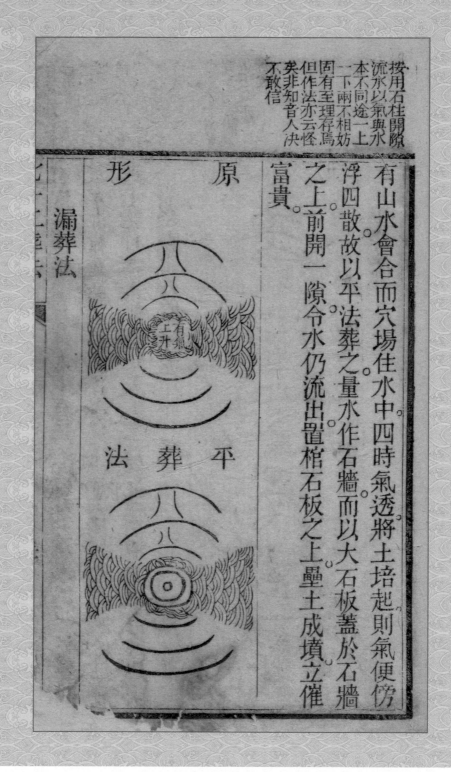

按一勺子原評云此水號人中水要作曲折而出不可使之直流直流則氣分而兩氣不合又名分屍水極凶

地有兩脈相合而穴居中者形如玉箸箝饅頭固以形狀名亦以力之所到在此兩處也然造墳於中後面水無出處必不適宜當以漏法葬之於受穴處造一溝在下上以石板蓋之然後塡基砌壙而成墳水從溝洩隱於潢池則二龍之氣自凝如規模宏大者用石板砌成橋高大可容人出入非欲其水之去速而然也亦以消其陰濕之煞耳三龍五龍合氣穴並依此法然高原叢岡每有俗呼仰天窩處水從暗洩並無出口可尋又爲龍法之所大忌者若誤認爲合氣龍葬之必召禍生災所謂眞合氣龍亦罕見之局也

原形

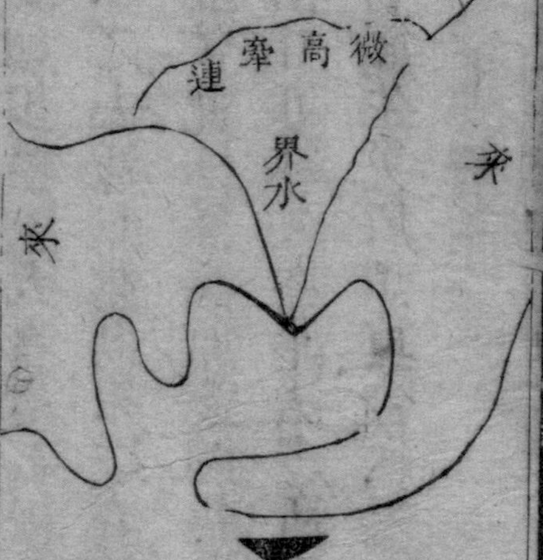

漏葬法

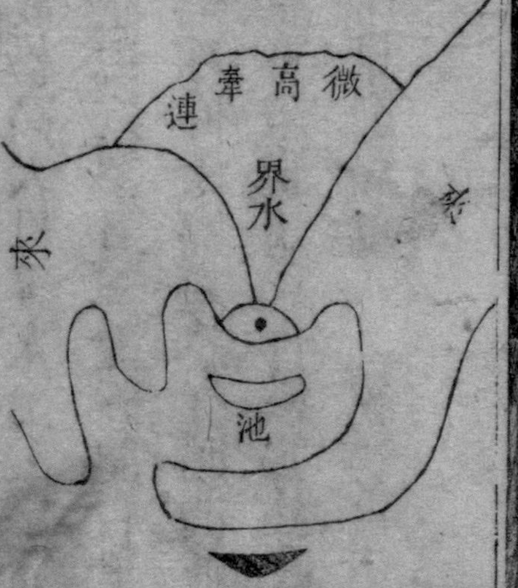

第八章　出煞之法凡三

宇宙無他生與殺而已。地道生機。人道殺機。天道兼之。出身加民而用生用殺者。天吏也。地也者。承天生人以爲天者也。故有生氣隨有殺氣。而得其生者自生。得其殺者自

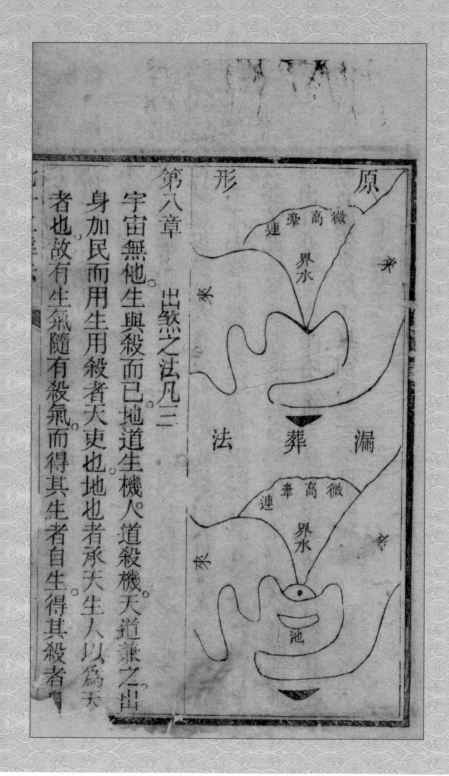

按相地之術自人操之固有神鬼不得珍秘者然得之不得仍有造化在焉非盡人事之可强奪也

按穴場結於頑石有鑿之並無寸土者而鑿去其石以客土培之亦屬吉地可見鑿石得土之說有時亦不為確而土暈土色種種拘泥尤為門外漢之盲談矣

殺。而出乎殺之上。自能役殺。入乎殺之中。自然受殺。今朔六合之內。莫非搏擊兼併。乃知生之殺之。亦宇宙自然之氣也。若曰神珍鬼秘。以待有福。造化亦何心哉。

露葬法

有等大地穴場是片巒石頑立。深鑿並無寸土。法當於受穴處將頑石盡行鑿去。以化其煞。天雨則水從石縫中流出。所謂煞也。待天陽照臨數年後。陰煞消而水自止。然後將吉土培之。再數年土堅實。始葬之。此等地多是收水之結。而收山之結間有之。今人動曰鑿石得土而葬。不知地眞何必問土。若無地之處。而鑿石得土。亦可葬耶

原形

露葬法

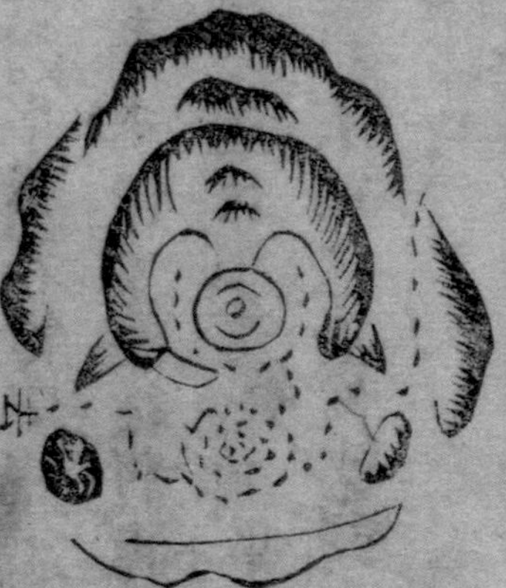

屏葬法

屏者逐之使去也凡見大地龍局眞是可愛而穴場甚多沙石則以屏法葬之其法將沙石盡行撤去另以佳土補之稍待數年然後葬棺使煞氣不見生氣自旺

按穴場爲沙石所占可屏去之另塡吉土而後下葬亦足以見必掘暈土之爲俗術矣

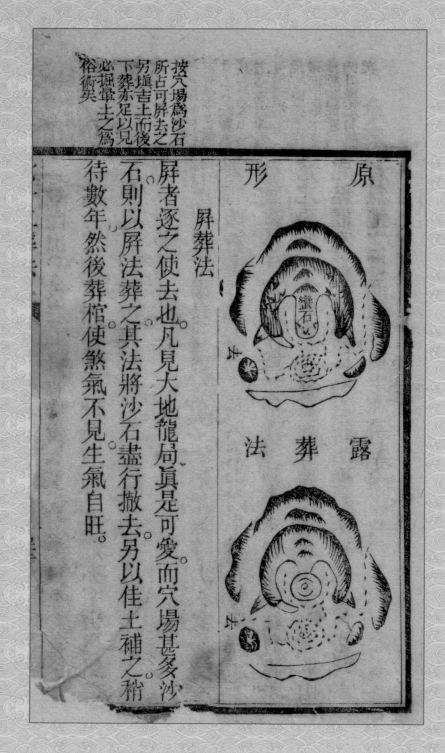

原形

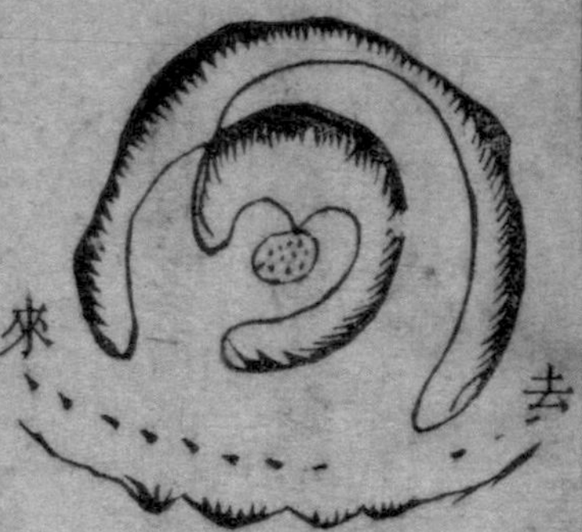

屏葬法

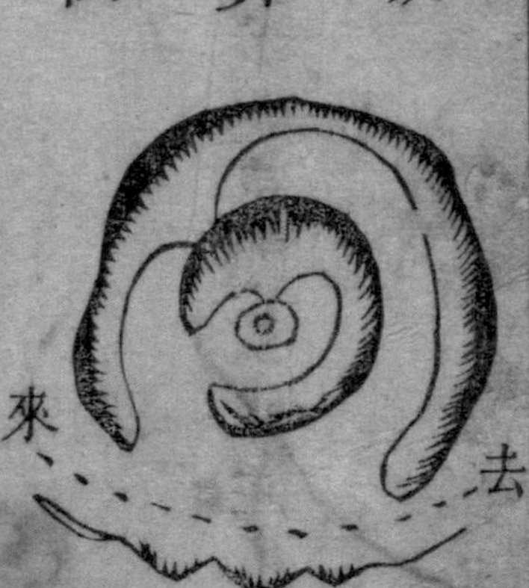

衣葬法

有龍穴甚佳。龍虎元武近案或破碎。或渾身是黑石。縱橫貫之地。凶徒之産在所不免。雖穴稟天地之正氣。然有此亦有刑戮之禍也。欲去其煞。須揜其形。故以衣衣之。其法將草蓋上。以極細黃泥薄鋪。累經雨過。以四時蒼翠之草植之數年

按以衣法掩蔽凶頑形象使穴上不見自有轉禍爲福之功惟有地權不屬於己者不能越界施工之令人抱歉也

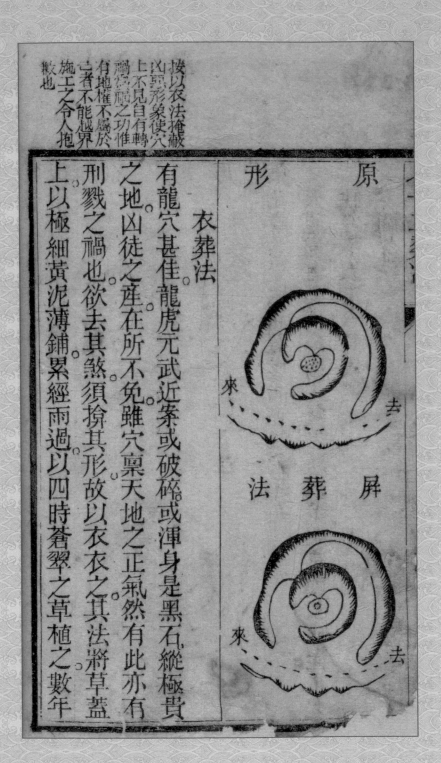

後鬱然可愛青石紫石不必衣

原形

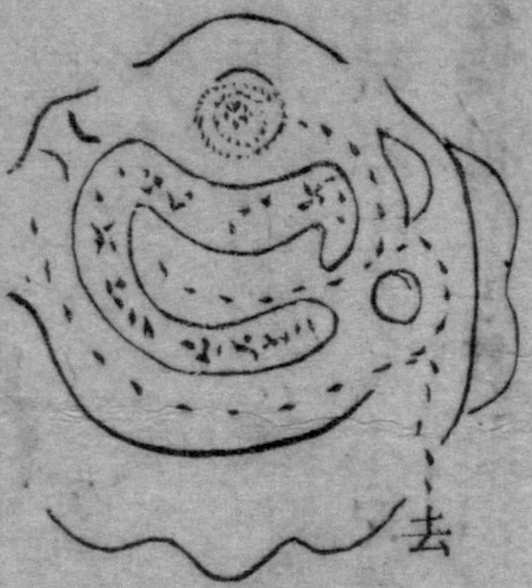

衣葬法

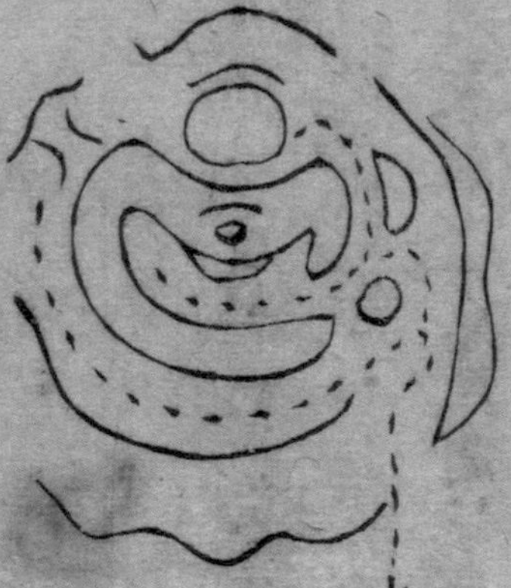

第九章　取諸龍虎而立法者凡九

夫龍虎者上所以衞生氣下所以聚明堂卽太極圈也欠缺之下天工人其代之

闔葬法

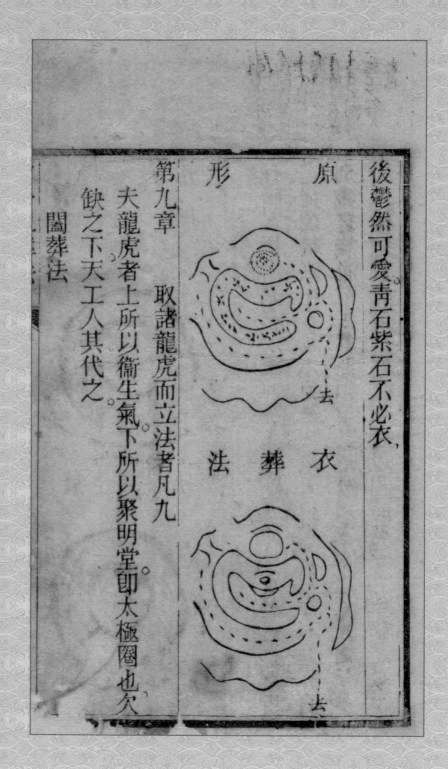

按凡地俱天門宜開地戶宜閉始合陽噓陰吸之旨反此可以人力改之者卽以人力改之亦屬可用俗術固執龍强虎弱之說不問去水來水概以白虎不可高起爲定穴目的誤人極矣

下砂不足而用人工補出謂之闔闔之義卽陰吸之情也非下手寬而僅築埂閉塞之也

原形

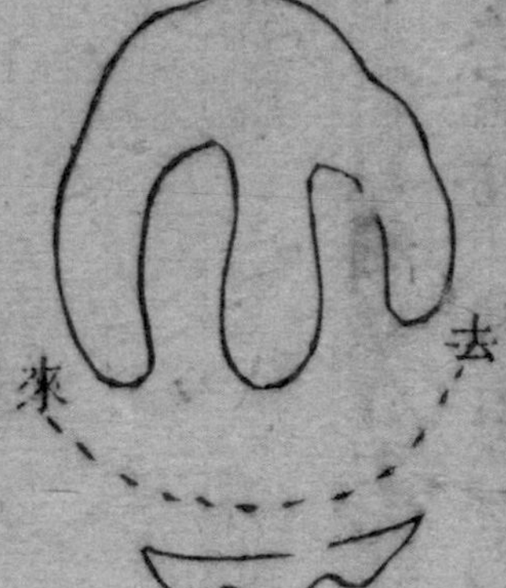

闔葬法

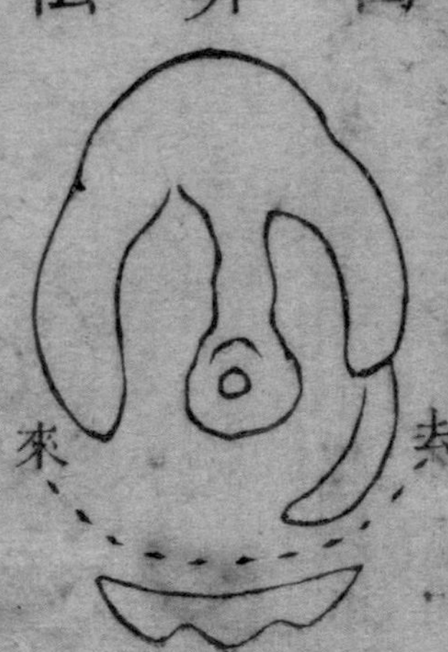

闢葬法

上砂有餘而用人工掘去謂之闢闢之義卽陽噓之情也非嫌其砂之順水而去之也

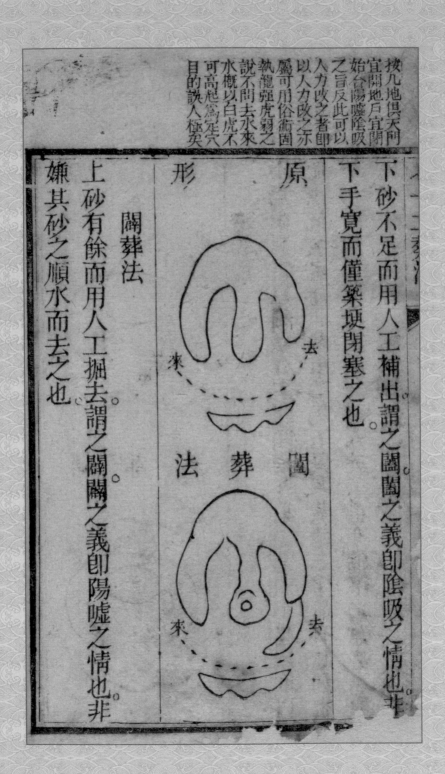

按此法只可作於高原少有泉脈之處若平原必犯水濕是爲大忌

原形

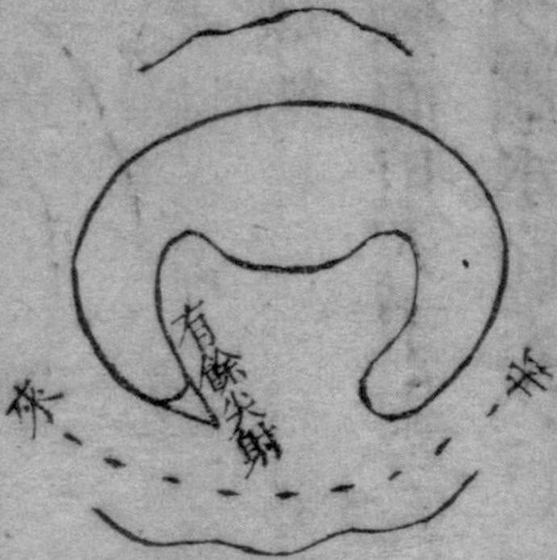

闘葬法

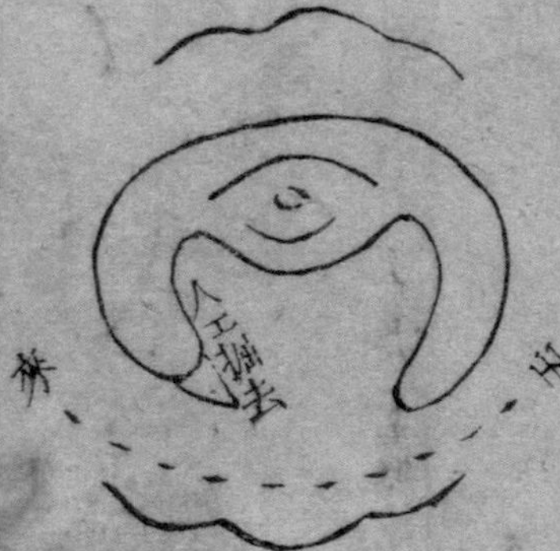

鑽葬法

小局陽窩當以鑽法葬之深開金井築土堅固小起墳堆以龍虎低故也語云藏車隱馬不畏寒藏隱二字最有味如實平其陽窩氣便浮散鑽者鑽入於下也亦彌堅之意必高原而土佳者是若一塊鬆砂鑽之必絕

按凡龍虎空遠之地穴場左右如無輔弼均當以此法補救之於原葬無碍而人力亦易成功洵善法也

原形

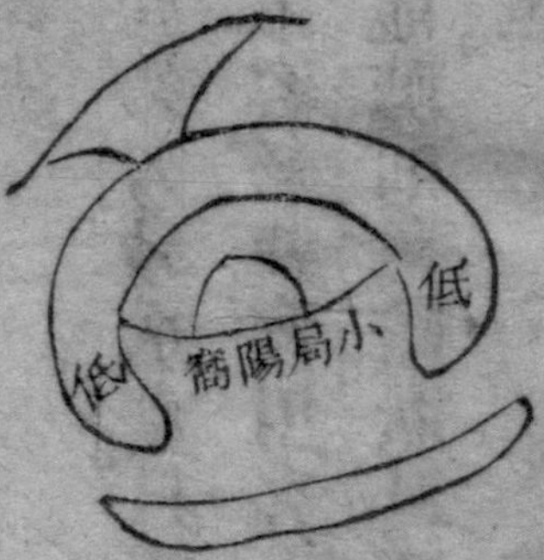

鑽葬法

翼葬法

翼如羽翼之翼。水木行龍到頭結穴。借外山作龍虎以關堂氣。本為佳地。只是兩肩無蓋。穴被風吹。生氣便散。雖龍眞局備。亦不發福。使客土增起兩蟬翼砂。便得此等穴。雖葬後亦可加工。但久遠之墓修之無益。以骨被風吹已經白爛故也。

原形

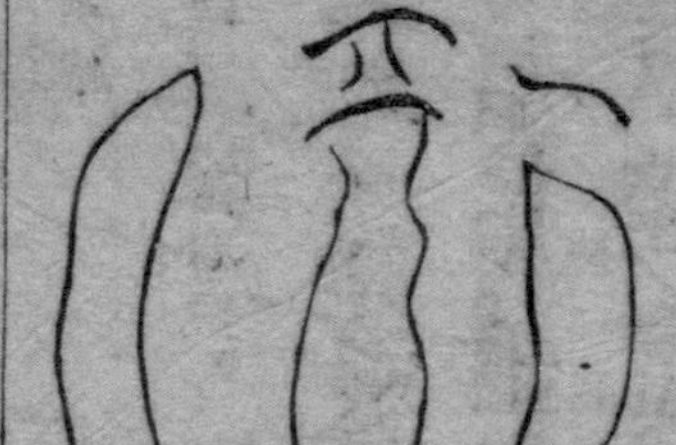

翼葬法

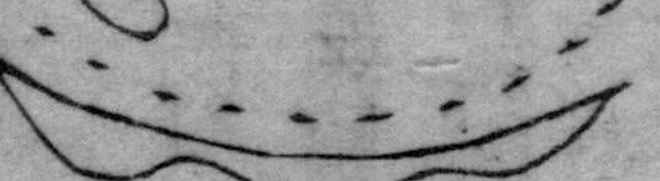

壅葬法

龍格貴局勢秀砂水交只嫌入穴處是一片平石無近身龍虎而又不容於裁窩用客土壅成小龍虎以護穴形喝飛龍嘯天蓋龍嘯則氣噴狀其不深藏也雲從龍狀其壅成龍虎以衛穴也

按此以客土壅作小龍虎與前翼法同意不過翼知蟬翼而小龍虎之必取若牛角輕重大小之間略有斟酌不同者耳

按此圍葬一法張九儀穿透眞傳徵驗煩詳文繁未便備錄閱者取原書核之可也

原形

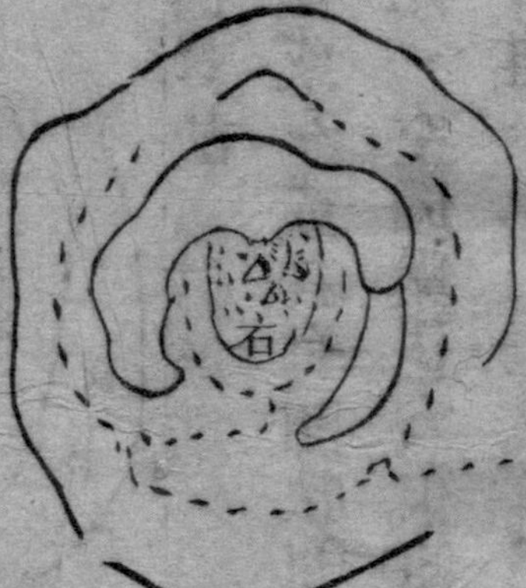

壅葬法

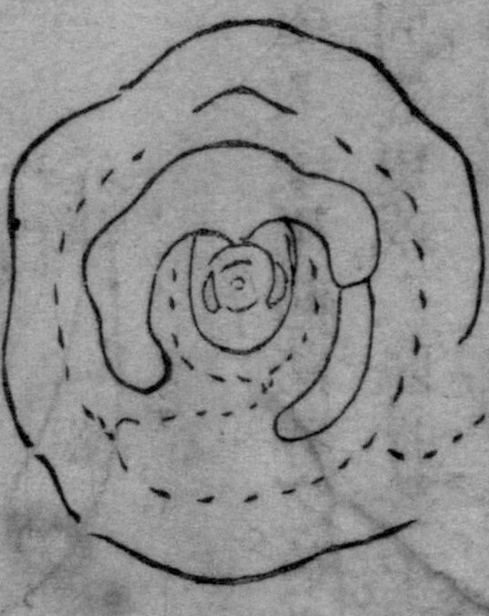

圍葬法

有等大地在平洋處。羅城甚是周密。只嫌其無近身龍虎。又無近身界合。則周圍打牆以圍其氣。凡圍三匝出入門路俱三奇定法。

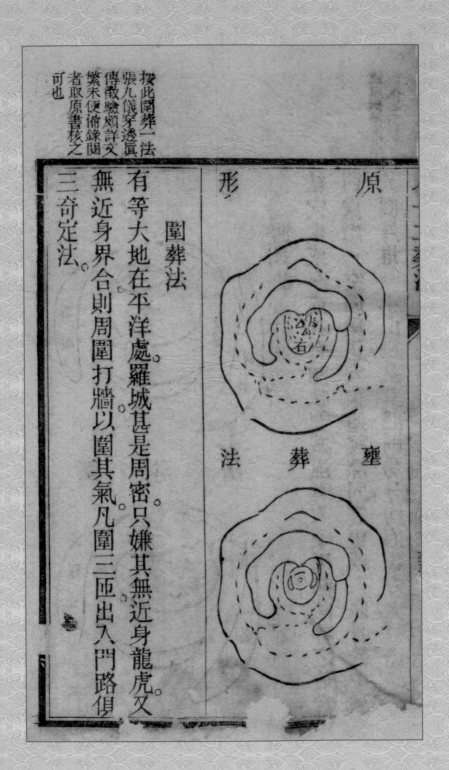

按以堆作之小
山抵禦凹缺則

原形

圍葬法

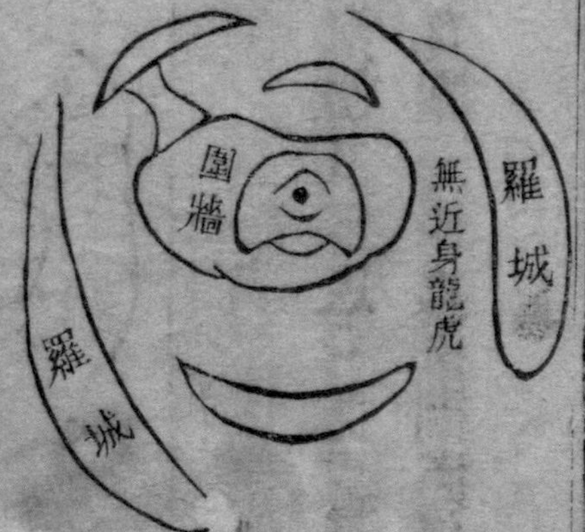

凹葬法

結穴處或左或右有凹缺則賊風射入須用凹法葬之於當凹處砌一空壙與正穴相連淺深同之更或入他骨於中又於圈外堆一小山以蔽其凹則房分均而福力大

凹風自可免矣空壙以借骨一層可不必作一勺子原評有凹得祥風禍頃臻欲風殃立至二句當兼而審之

按龍虎不稱最恐眞穴未得須提上提下閃左閃右以審之此乃降伏之上策也必不得已始可用人力補救

原形

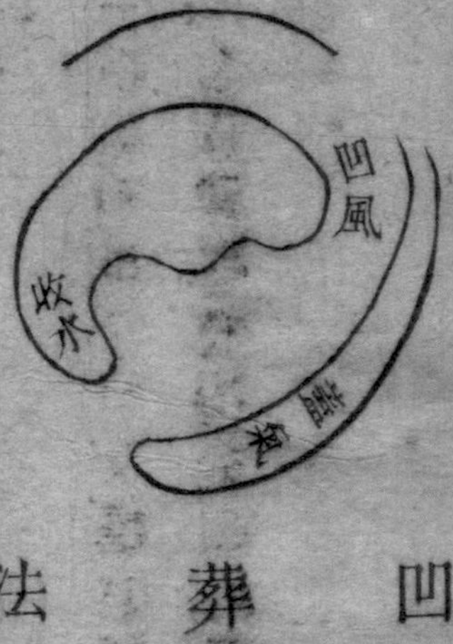

凹葬法

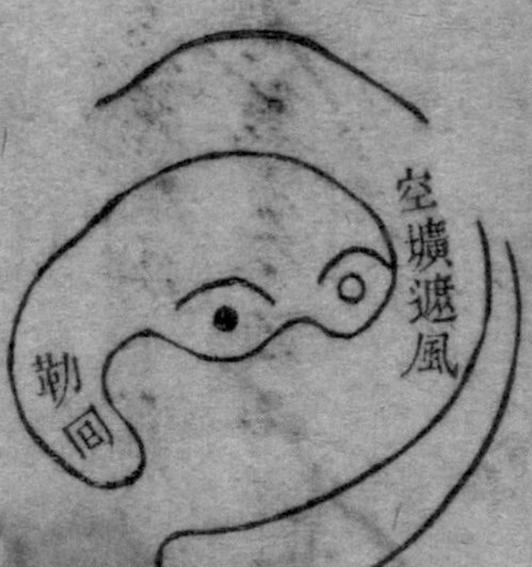

伏葬法

龍虎貴相讓。鬬便不佳。然可以人力伏之。其法有二。一則省平之使無鬬射之形。一則聯爲一內堂。蓄水從左右九曲於之。稍擊拳者。更於壙上造屋聯之。若立體山兩高擊拳。亦無可如何也。

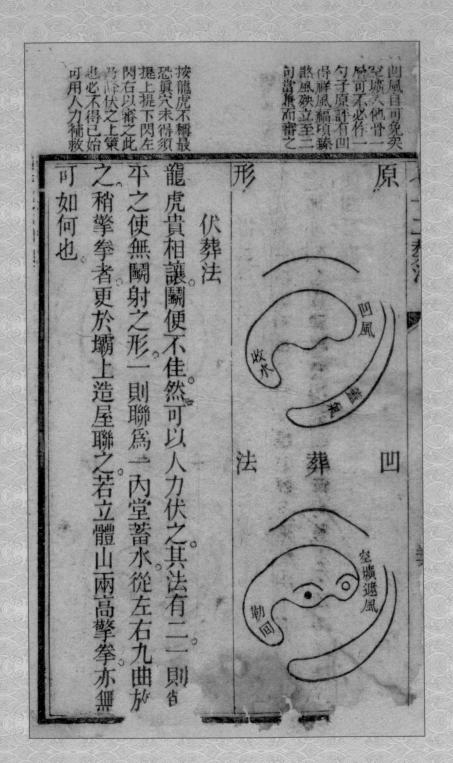

彼直砂之當化曲者必直而無情且生巉峭始可施工若直鉗穴外砂曲抱生自天然之局可以不必曲其內砂反失造物本

原形

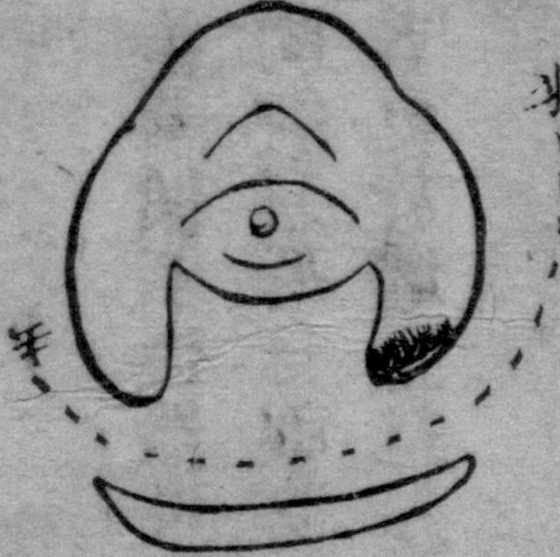

曲葬法

龍虎要曲曲則有明堂有交媾財祿方裕倘兩手直出極大之地亦衣食艱難離鄉得福山龍無可施工平岡平洋抽之使曲可也

伏葬法

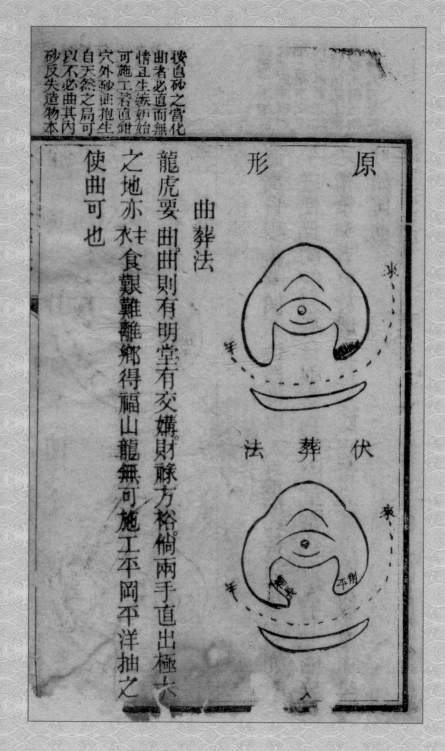

體況分飛之鉗
尚有結作而直
者又何忌乎

原形

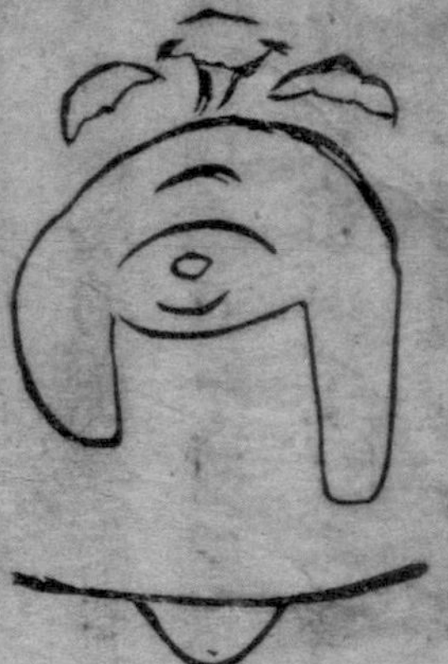

曲葬法

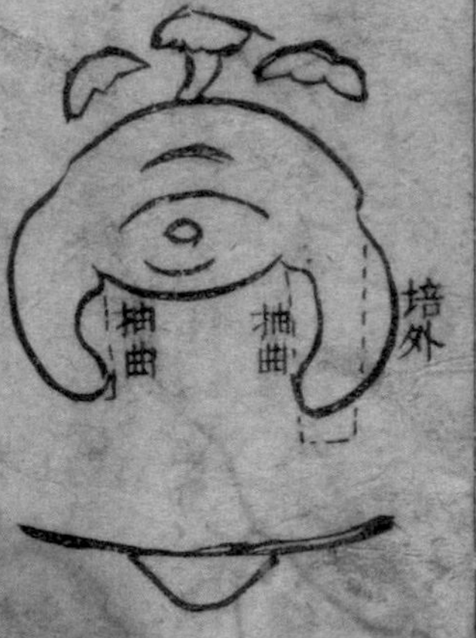

第十章　取諸穴前之小明堂而用法者凡九

穴前小明堂與穴內生氣相表裏所謂外接堂氣者正
此小明堂之氣也地固有龍眞穴的而近身元辰不交者
主少年阻滯衣食艱難語云山管人丁水管財祿然有明
堂而無毬毡葬得其法亦主旺丁有毬毡而無明堂則法

按一句予原評謂此注法可用於腦後作後蔭而發福最快未免好奇不可輕試惟識俗術不明宜忌一概用狀美觀倘不得其宜災禍立見所驗誠有至理以余所見如廣東熊綬青來成都郭外所作數家無一是地亦

無可施。雖是大富貴之地。亦主離鄉發福。卽此可知堂氣之勝於生氣遠矣。

注葬法

龍勢濶大寬平。元辰交遠。立穴於盡處則氣薄。立穴於氣之處則龍氣不住。故以注法葬之。其法於氣旺處立穴而以穴前開一小明堂。用石築砌。或方或圓。大倍於穴。較井深一二尺。將穴兩旁裁出微如蝦鬚水以會之。擇吉方放出。或引一邊近身小界水灣環穴前。流下手而去。復以薄石板蓋其深堂。使外視與金井底磚相平。而石下虛空。注水流通卽脈遇水止之意也

無一可用注法而乃概以注法作之噫法之害入深矣

原形

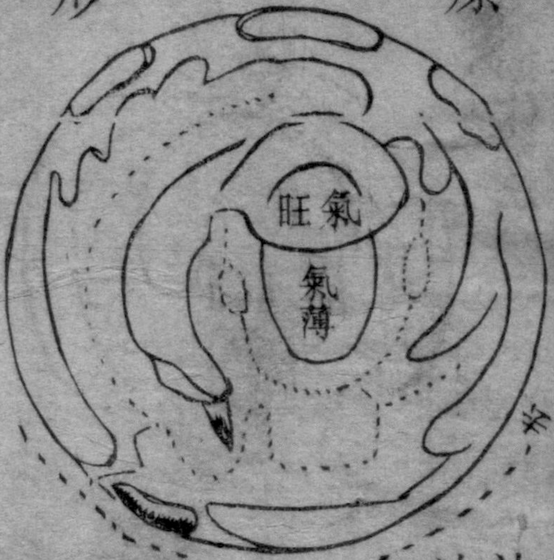

隱葬法

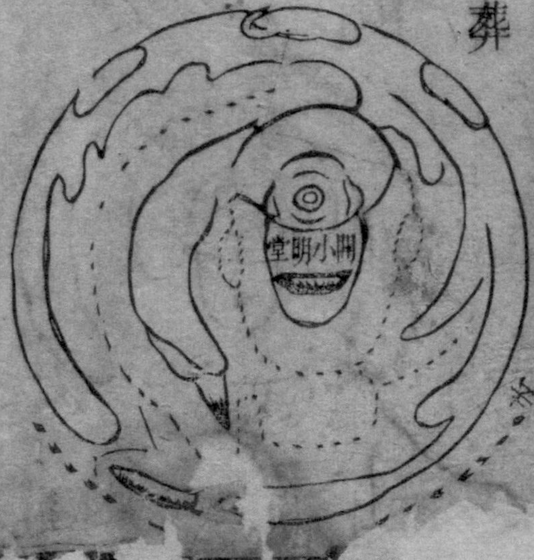

注葬法

龍脈到頭氣旺穴結而餘氣尚夫注水之處堂局極佳立穴於氣旺之處棄其堂則可惜立穴於受堂之處脫其旺氣更

按隱法之收效亦惟在眞冢而已所以必作隱葬者即內藏眞金斗外掩時師口之意也必謂眞冢為內接生氣假冢為外受朝堂如貫棺朝冢二句殊屬顛倒怪僻之至不可為訓

不是故以隱法葬之其法於氣旺處立穴放棺。不起墳塋。於受堂處作一假墳。於前立碑。亦生氣貫棺不貫冢山川朝冢不朝屍之意。

原形

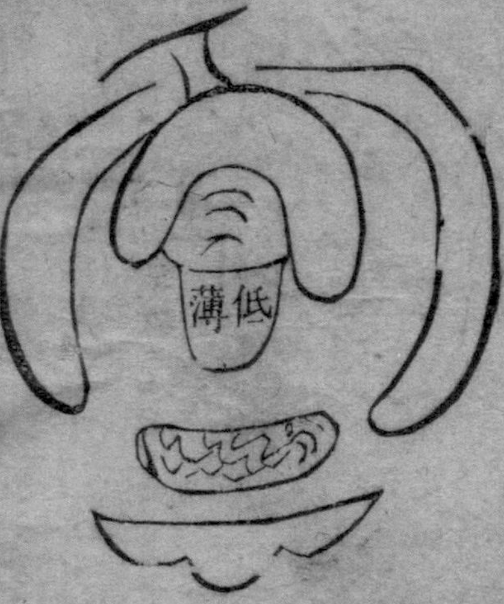

隱葬法

兜葬法

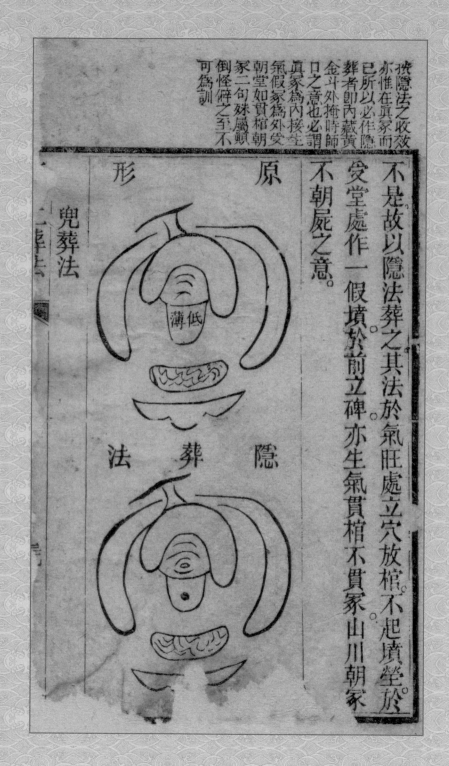

按作貼近小案以救傾瀉頗易施工但無真氣可乘亦不見效

剪金挨火是五行狀其形

穴有傾瀉。則勢便不止。不止則氣便不聚。主傷小口而鄰於衣食。法當於數丈前堆一小案。或眠弓或蛾眉或玉尺。隨其形勢作之。可救其失。

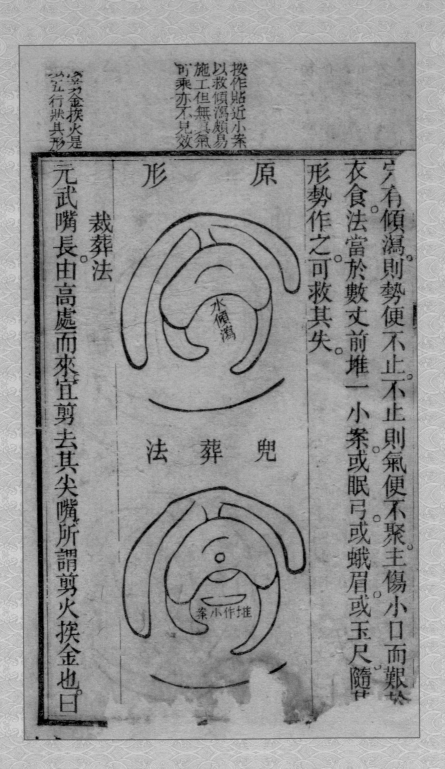

原形

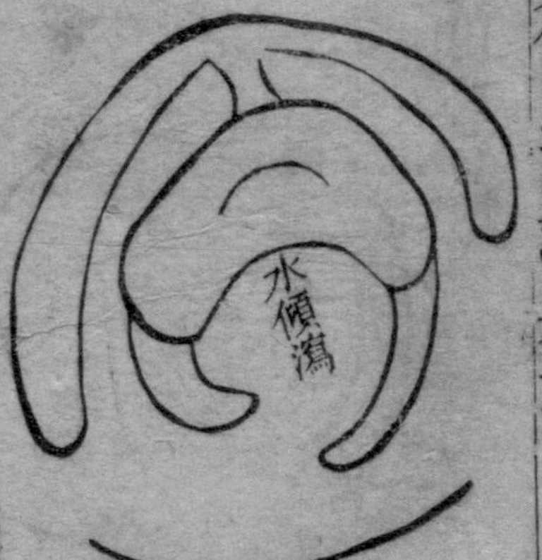

兜葬法

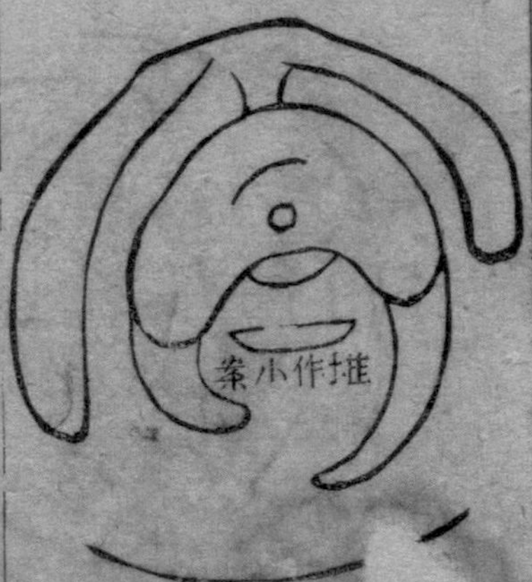

裁葬法。

元武嘴長由高處而來。宜剪去其尖嘴。所謂剪火挨金也。曰

不得拘執生尅反落俗術窠臼

按一勺子原評謂開池之法止可用於正局不可用於零局此零正係以水運爲主如上四運

裁者不獨以掘去爲義有增之成之裁成輔相之意。

原形

裁葬法

明葬法

明堂固貴團聚尤貴舒暢。若團聚而不舒暢。則爲蠢落。主衣食艱難。法當於穴前水聚處開一深池則光明軒豁富貴。秀無不如意

必取六七八九之水為正局下四運必取一二三四之水為正局是也若單據山運而言則山取正神水又必取出之零位矣

按注水制煞之水宜深不宜淺

原形

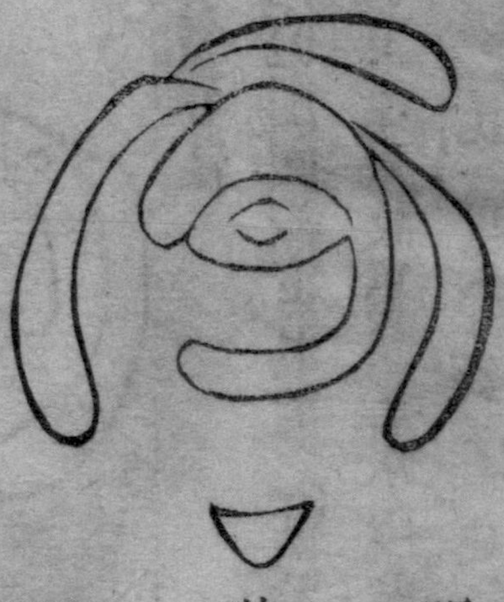

明葬法

制葬法

貴龍結穴鋪出裀褥成平地火星或二三或四五此是貴秀所鍾裁之固非然終為尖利之煞聽之亦初年欠利法當於穴前開一方堂使隨龍水會之注水五六寸以上擇吉方出

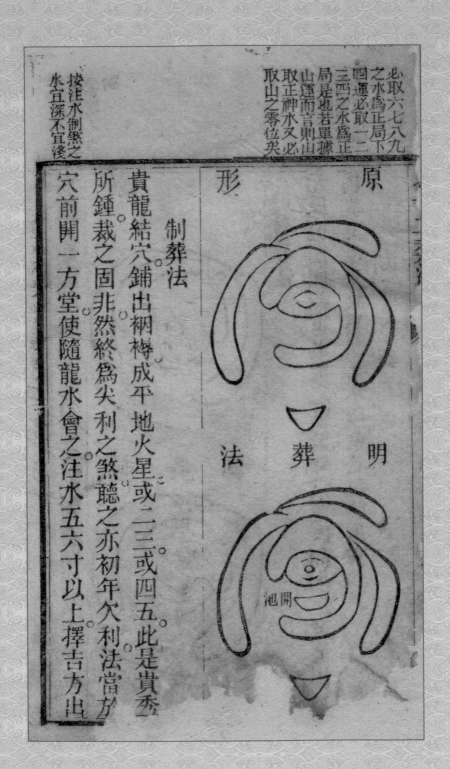

當審形局爲之且注水更有元運關係不可不辨

按築塘蓄水如有光照穴須審水運爲之徒恃建築無益也

水蓋內堂明淨。則外之尖利爲權柄。制者制服其尖煞也。

原形

制葬法

蓄葬法

元辰直出固無害眞龍之結若外堂寬廣而內堂又直出。終爲美玉之瑕。故築塘蓄水以聚其氣發越極快。

按大地眞結本有模糊不易下手之局可以清法清之使界水明堂一朝醒豁人力卻勝天工

原形

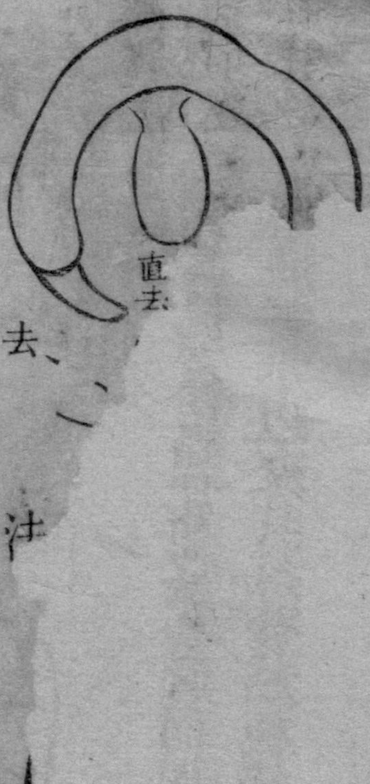

清葬法

有等大地入穴是一片牛皮細審之則兩旁有微分龍有微起脈氣只因口中腮中浮土太多故難入目也清其界水明堂則穴內生氣自旺形如撲蝶梨花有生死動靜之義

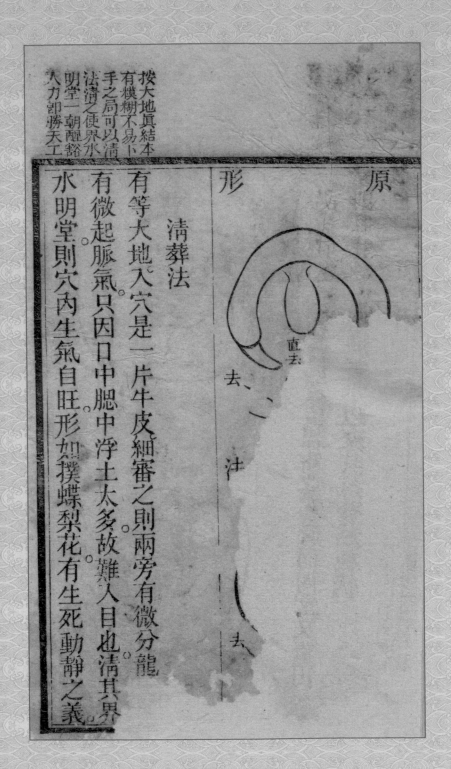

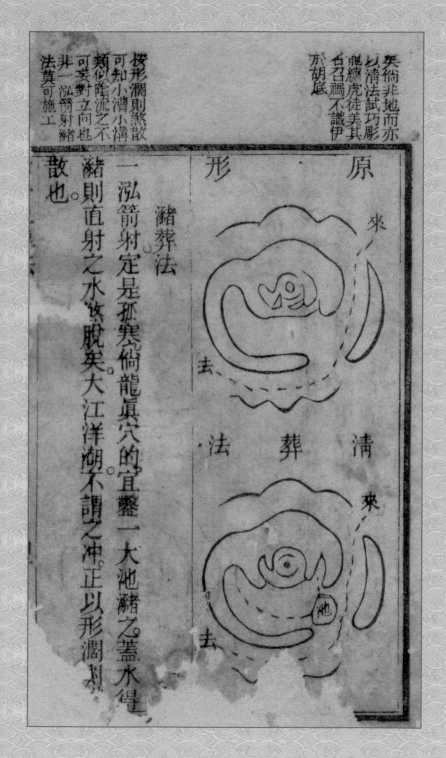

矣倘非地而亦以清法試巧彫龍繡虎徒美其名召禍不識伊於胡底

按形濶則煞散可知小漕小溝類似陰流之不可妄對立向也非一泓箭射豬法莫可施工

原形

清葬法

豬葬法

一泓箭射。定是孤寒。倘龍眞穴的。宜鑿一大池豬之。蓋水得豬則直射之水煞脫矣。大江洋湖不謂之冲。正以形濶則散也。

原形

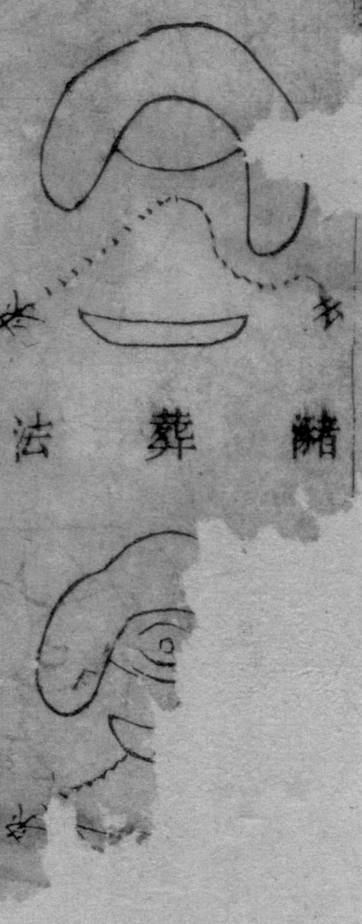

豬葬法

第十一章　控制山川之法凡五

氣之盛也。雖流行而其餘者猶有止。雖零散而其深者猶有聚。則知成形成象吉凶美惡自有一定。而大純小疵亦可以人力修之。而不使嘆造物之缺陷也。

留葬法

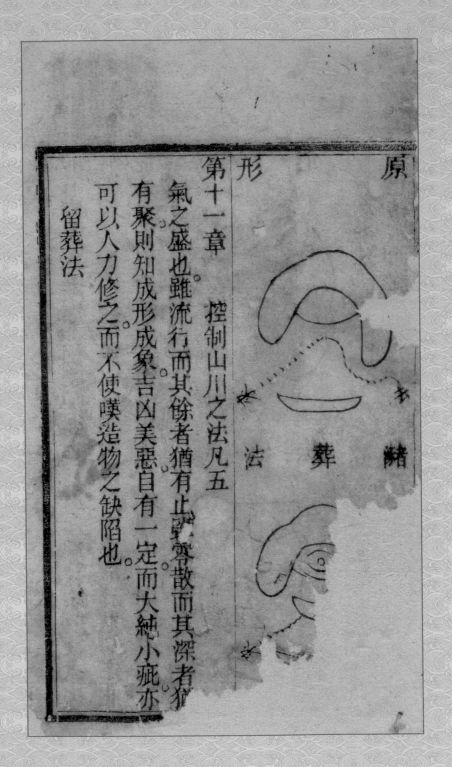

按鬼刧龍爲諸家所不取獨此留阻兩法可以人力挽造化蓋用適其宜鬼刧反作權星故也

按一勺子原評云鑿五尺以止

龍有穴眞而去山不相回顧。則破其反面。堆其淘脚。使去有衛我之情。則妻孥無拘劣之病。留與阻多用於鬼刧之說。而去勢重者。用留。輕者用阻。留則高堆两埂。阻則深鑿溝井。

原形

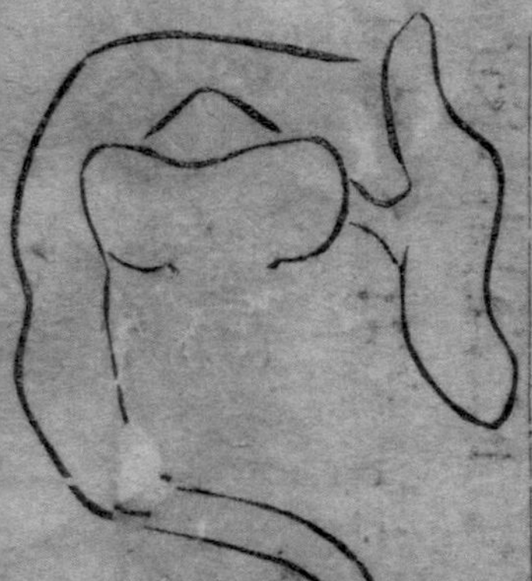

留葬法

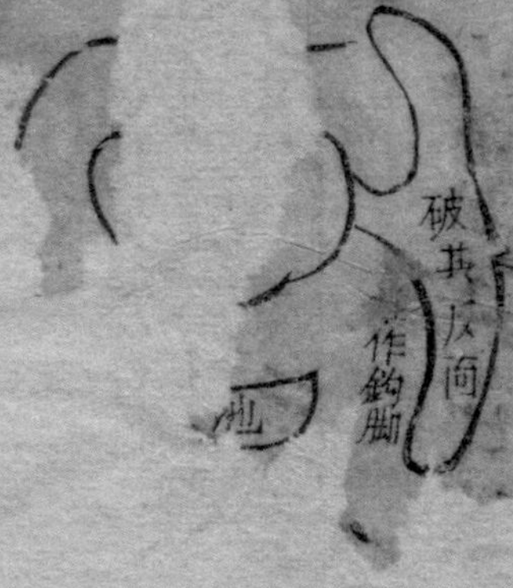

阻葬法

龍已結穴而餘倏去似乎脚重身輕

龍亦是此法但龍之去勢若大雖鑿無益聽其自然可也萬不可斷喪地力以犯造物所忌

按拚法最多亦最活潑不可拘

鑿溝井。使其去止之意則氣行

形行則氣行。身有路以穿去。乎

滿井者谷見也

原形

四葬法

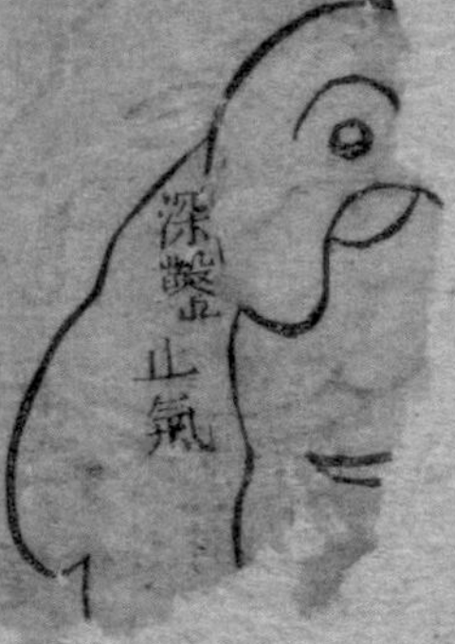

拚葬法

拚者拚其不善而著其善也有凶惡砂水。或種樹。

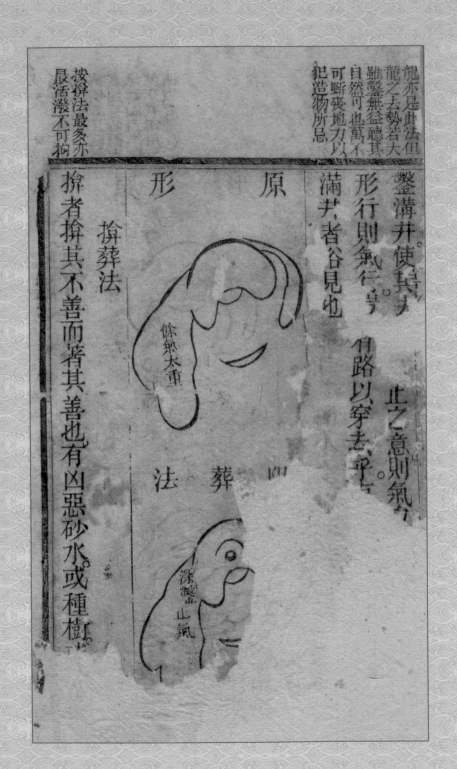

執明煞變作暗朝不過舉一以爲例耳且已葬之地有時而吉氣轉凶吉水變煞亦有當用拚法以資補救者

被吉水秀砂必有主體尊嚴招之始可生效蓋眞砂眞水必與眞穴有情專緊照之妙旨彼障

拚之。此法有不爲小人拚過正爲君子著善之意。

原形

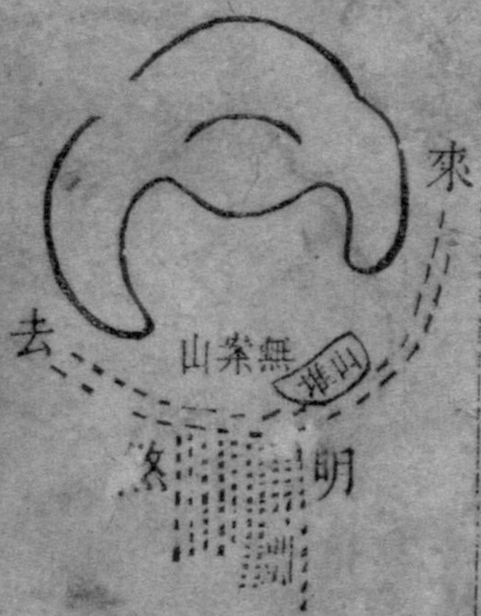

拚葬法

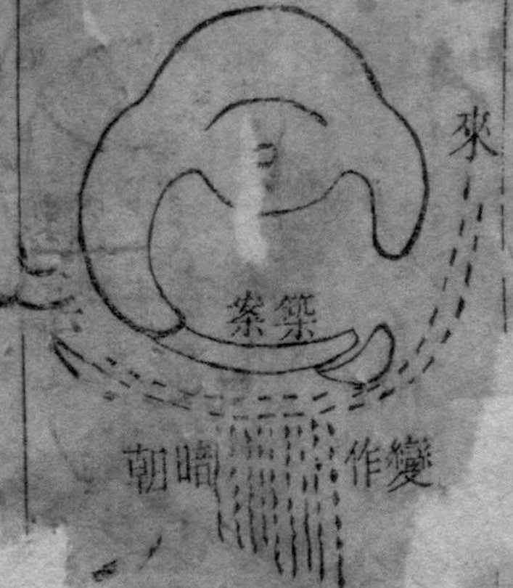

招葬法

招者導之使來也。有吉水而不入口則鑿[illegible]堂。有秀砂而不[illegible]出則削去障蔽[illegible]遠朝特秀者。[illegible]其近案改近處[illegible]

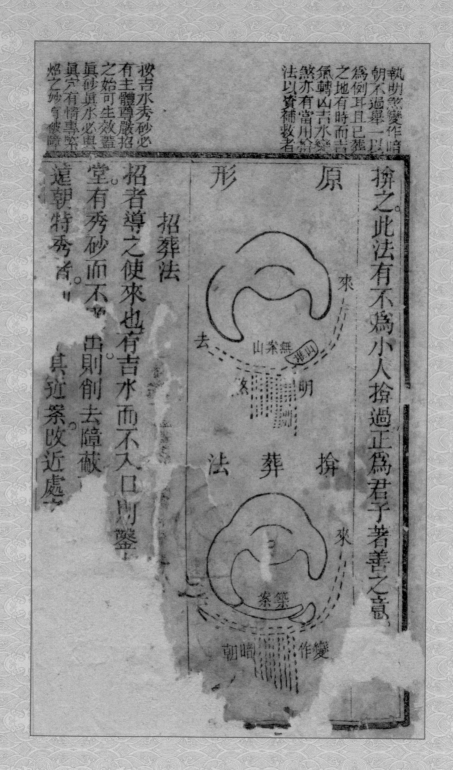

[illegible]脈不[illegible]識者正造物之特留以待有福者也

原形葬法

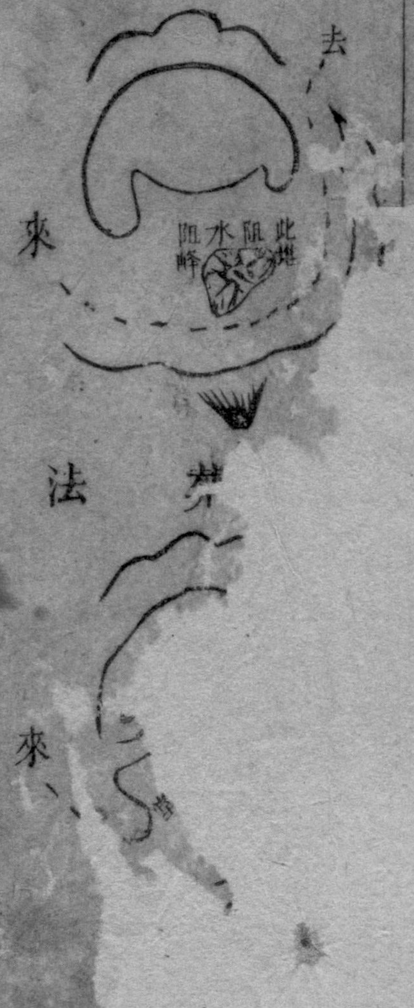

席葬法

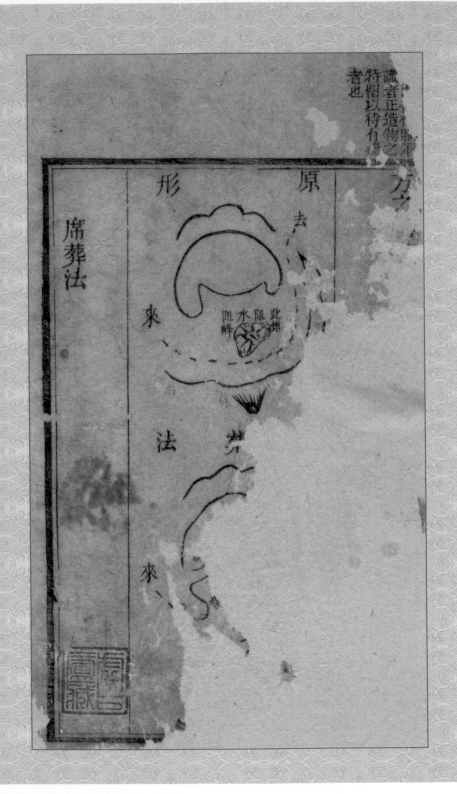

占筮類

1	擲地金聲搜精秘訣	心一堂編	沈氏研易樓藏稀見易占秘鈔本
2	卜易拆字秘傳百日通	心一堂編	
3	易占陽宅六十四卦秘斷	心一堂編	火珠林占陽宅風水秘鈔本

星命類

4	斗數宣微	【民國】王裁珊	民初最重要斗數著述之一；未刪改本
5	斗數觀測錄	【民國】王裁珊	失傳民初斗數重要著作
6	《地星會源》《斗數綱要》合刊	心一堂編	失傳的第三種飛星斗數
7	《斗數秘鈔》《紫微斗數之捷徑》合刊	心一堂編	珍稀「紫微斗數」舊鈔秘本
8	斗數演例	心一堂編	
9	紫微斗數全書（清初刻原本）	題【宋】陳希夷	斗數全書本來面目；有別於錯誤極多的坊本
10－12	鐵板神數（清刻足本）——附秘鈔密碼表	題【宋】邵雍	無錯漏原版秘鈔密碼表　首次公開！
13－15	蠢子數纏度	題【宋】邵雍	蠢子數連密碼表打破數百年秘傳　首次公開！
16－19	皇極數	題【宋】邵雍	清鈔孤本附起例及完整密碼表研究神數必讀！
20－21	邵夫子先天神數	題【宋】邵雍	附手鈔密碼表研究神數必讀！
22	八刻分經定數（密碼表）	題【宋】邵雍	皇極數另一版本；附手鈔密碼表
23	新命理探原	【民國】袁樹珊	子平命理必讀教科書！
24－25	袁氏命譜	【民國】袁樹珊	
26	韋氏命學講義	【民國】韋千里	民初二大命理家南袁北韋
27	千里命稿	【民國】韋千里	
28	精選命理約言	【民國】韋千里	北韋之命理經典
29	滴天髓闡微——附李雨田命理初學捷徑	【民國】袁樹珊、李雨田	命理經典未刪改足本
30	段氏白話命學綱要	【民國】段方	民初命理經典最淺白易懂
31	命理用神精華	【民國】王心田	學命理者之寶鏡

32	命學探驪集	【民國】張巢雲	發前人所未發　稀見民初子平命理著作
33	澹園命談	【民國】高澹園	
34	算命一讀通——鴻福齊天	【民國】不空居士、覺先居士合纂	
35	子平玄理	【民國】施惕君	
36	星命風水秘傳百日通	心一堂編	
37	命理大四字金前定	題【晉】鬼谷子王詡	源自元代算命術
38	命理斷語義理源深	心一堂編	稀見清代批命斷語及活套
39-40	文武星案	【明】陸位	失傳四百年《張果星宗》姊妹篇　千多星盤命例　研究命學必備
相術類			
41	新相人學講義	【民國】楊叔和	失傳民初白話文相術書
42	手相學淺說	【民國】黃龍	民初中西結合手相學經典
43	大清相法	心一堂編	重現失傳經典相書
44	相法易知	心一堂編	
45	相法秘傳百日通	心一堂編	
堪輿類			
46	靈城精義箋	【清】沈竹礽	沈氏玄空遺珍　玄空風水必讀
47	地理辨正抉要	【清】沈竹礽	
48	《玄空古義四種通釋》《地理疑義答問》合刊	沈瓞民	
49	《沈氏玄空吹虀室雜存》《玄空捷訣》合刊	【民國】申聽禪	
50	漢鏡齋堪輿小識	【民國】查國珍、沈瓞民	失傳已久的無常派玄空經典
51	堪輿一覽	【清】孫竹田	
52	章仲山挨星秘訣（修定版）	【清】章仲山	章仲山無常派玄空珍秘　門內秘本首次公開
53	臨穴指南	【清】章仲山	沈竹礽等大師尋覓一生末得之珍本！
54	章仲山宅案附無常派玄空秘要	心一堂編	
55	地理辨正補	【清】朱小鶴	玄空六派蘇州派代表作
56	陽宅覺元氏新書	【清】元祝垚	簡易・有效・神驗之玄空陽宅法
57	地學鐵骨秘　附　吳師青藏命理大易數	【民國】吳師青	釋玄空廣東派地學之秘
58-61	四秘全書十二種（清刻原本）	【清】尹一勺	玄空湘楚派經典本來面目　有別於錯誤極多的坊本

62	地理辨正補註 附 元空秘旨 天元五歌 玄空精髓 心法秘訣等數種合刊	【民國】胡仲言	貫通易理、巒頭、三元、三合、天星、中醫
63	地理辨正自解	【清】李思白	公開玄空家「分率尺、工部尺、量天尺」之秘
64	許氏地理辨正釋義	【民國】許錦灝	民國易學名家黃元炳力薦
65	地理辨正天玉經內傳要訣圖解	【清】程懷榮	秘訣一語道破，圖文并茂
66	謝氏地理書	【民國】謝復	玄空體用兼備、深入淺出
67	論山水元運易理斷驗、三元氣運說附紫白訣等五種合刊	【宋】吳景鸞等	失傳古本《玄空秘旨》《紫白訣》
68	星卦奧義圖訣	【清】施安仁	
69	三元地學秘傳	【清】何文源	
70	三元玄空挨星四十八局圖說	心一堂編	三元玄空門內秘笈 清鈔孤本 過去均為必須守秘不能公開秘密 與今天流行飛星法不同
71	三元挨星秘訣仙傳	心一堂編	
72	三元地理正傳	心一堂編	
73	三元天心正運	心一堂編	
74	元空紫白陽宅秘旨	心一堂編	
75	玄空挨星秘圖 附 堪輿指迷	心一堂編	
76	姚氏地理辨正圖說 附 地理九星并挨星真訣全圖 秘傳河圖精義等數種合刊	【清】姚文田等	
77	元空法鑑批點本——附 法鑑口授訣要、秘傳玄空三鑑奧義匯鈔 合刊	【清】曾懷玉等	蓮池心法 玄空六法 門內秘鈔本首次公開
78	元空法鑑心法	【清】曾懷玉等	
79	曾懷玉增批蔣徒傳天玉經補註【新修訂版原（彩）色本】	【清】項木林、曾懷玉	
80	地理學新義	【民國】俞仁宇撰	
81	地理辨正揭隱（足本） 附連城派秘鈔口訣	【民國】王邈達	揭開連城派風水之秘
82	趙連城傳地理秘訣附雪庵和尚字字金	【明】趙連城	
83	趙連城秘傳楊公地理真訣	【明】趙連城	
84	地理法門全書	仗溪子、芝罘子	巒頭風水，內容簡核、深入淺出
85	地理方外別傳	【清】熙齋上人	巒頭形勢、「望氣」「鑑神」
86	地理輯要	【清】余鵬	集地理經典之精要
87	地理秘珍	【清】錫九氏	巒頭、三合天星，圖文並茂
88	《羅經舉要》附《附三合天機秘訣》	【清】賈長吉	清鈔孤本羅經、三合訣法圖解
89-90	嚴陵張九儀增釋地理琢玉斧巒	【清】張九儀	清初三合風水名家張九儀經典清刻原本！

91	地學形勢摘要	心一堂編	形家秘鈔珍本
92	《平洋地理入門》《巒頭圖解》合刊	【清】盧崇台	平洋水法、形家秘本
93	《鑒水極玄經》《秘授水法》合刊	【唐】司馬頭陀、【清】鮑湘襟	千古之秘，不可妄傳匪人
94	平洋地理闡秘	心一堂編	雲間三元平洋形法秘鈔珍本
95	地經圖說	【清】余九皋	形勢理氣、精繪圖文
96	司馬頭陀地鉗	【唐】司馬頭陀	流傳極稀《地鉗》
97	欽天監地理醒世切要辨論	【清】欽天監	公開清代皇室御用風水真本
三式類			
98－99	大六壬尋源二種	【清】張純照	六壬入門、占課指南
100	六壬教科六壬鑰	【民國】蔣問天	由淺入深，首尾悉備
101	壬課總訣	心一堂編	過去術家不外傳的珍稀六壬術秘鈔本
102	六壬秘斷	心一堂編	
103	大六壬類闡	心一堂編	
104	六壬秘笈——韋千里占卜講義	【民國】韋千里	六壬入門必備
105	壬學述古	【民國】曹仁麟	依法占之，「無不神驗」
106	奇門揭要	心一堂編	集「法奇門」、「術奇門」精要
107	奇門行軍要略	【清】劉文瀾	條理清晰、簡明易用
108	奇門大宗直旨	劉毗	天下孤本　首次公開　虛白盧藏本《秘藏遁甲天機》　奇門不傳之秘　應驗如神
109	奇門三奇干支神應	馮繼明	
110	奇門仙機	題【漢】張子房	
111	奇門心法秘纂	題【漢】韓信（淮陰侯）	
112	奇門廬中闡秘	題【三國】諸葛武侯註	
選擇類			
113－114	儀度六壬選日要訣	【清】張九儀	清初三合風水名家張九儀擇日秘傳
115	天元選擇辨正	【清】一園主人	釋蔣大鴻天元選擇法
其他類			
116	述卜筮星相學	【民國】袁樹珊	民初二大命理家南袁北韋
117－120	中國歷代卜人傳	【民國】袁樹珊	南袁之術數經典